三位一体の神と語らう
祈りの作法

朝岡 勝

装画・装丁＝ホンダマモル

はじめに

「祈りってなんだろう」「私たちはなぜ祈るのだろう」「祈ることにどんな意味があるのだろう」。

こうした素朴な問いは、それだけ本質的な問いでもあります。そして、そのような問いを大切にしたいと思います。

祈りは生ける神との「会話」であり、「霊的な呼吸」であると、長く教会で教えられてきました。「祈ってみなければ、祈ることの意味はわかるものではない」とも教えられてきました。いずれもそのとおりと思います。そしてそれなりの信仰の年数を重ねるにつれて、次第に「祈ること」が生活の中に位置づけられ、身に着いてきたとも思います。

しかしながら、それで自分が「祈りがわかった！」と言い切れるようになれたかと言えば、心許《こころもと》ない思いになるのも事実です。「祈りの人」「祈り深い者」になれたかと言えば、いつまでたってもそのような思いはやってきません。祈りながらも、自分の祈りのことばの貧しさ、祈りの熱心の足りなさ、そしていまだどこかで「祈りとは本当のところ、なんなのだろう」という思いがよぎることがあるからです。

「祈り」に関する本は数多く出版されています。信仰生活における祈りの大切さを教えるもの、実際に祈るための手引きとなるもの、聖書の中に出てくる数々の祈りを紹介するもの、主イエスが教えてくださった「主の祈り」を説き明かすもの、毎日の静思の時の助けとなる祈りをまとめたもの、歴史の中で祈られてきた数多くの祈りを編んだもの、人生のさまざまな場面でどんな祈りをささげたらよいのか、そのお手本になるような祈りのことばを集めたもの、主日礼拝など公的な場での祈りを編んだもの等々。

私の書棚にある祈りの本も、ざっと一瞥《いちべつ》するだけで三十冊近く数えられます。そして毎年のように新しい「祈り」の書物が出版されます（これもそのうちの一つです）。それだけ「祈り」について、「祈ること」について、知りたい、学びたい、そしてもっと祈りの人になりたいという思いが信仰者の中にあることの証しと言えるでしょう。ということは、私たちの信仰の営みにおいて最も関心が高く、最も学びたい、学び続けたいテーマであるのだと思います。

はじめに

私が愛用している祈りの書に、F・B・マイアー原著、小畑進《おばたすすむ》編著『きょうの祈り』（いのちのことば社、一九七七年、新版・二〇二四年）があります。その「はしがき」で小畑先生が執筆の時の様子を次のように明かしておられます。

「一日分を記す前に、マイアーの祈りを読んで霊魂をととのえさせていただき、しかるのち自由に祈り心の翼をのべて、原稿用紙一枚ずつにまとめてみることにしました。もっとも、その霊想禱想がどこまで持つものか自信がなく、途中で尽きてしまったら筆を折ることにして、ともかくとりかかってみました。

その際、模範として頭にあったのは、旧約聖書の『詩篇』と、アウグスチヌスの『告白』でした。一方の『詩篇』は聖詩人たちの神の思いの発露であり、質実敬虔な霊魂の息吹ですし、他方の『告白』は、全巻これ祈りと言ってもよい巨人の聖想です。やせこけた祈りでなく、たっぷりと霊想のこもった内実ある祈りを、と志したわけです。

さて、覚悟のこととは言え、文字通りの寸暇を見つけては、骨身を涸《か》らす作業の日々となりましたが、日頃胸中にわだかまっていた思い、すなわち神学研究において祈禱論がほとんど不毛に近いことへの無念と、現実になされている祈りの内容やことばの貧弱さに対する残念とが、心と筆を最後まで動かしてくれました。……」

（新版四頁）

同書を愛用されている方なら同感していただけると思いますが、確かに一日分一頁の祈りのことばの多彩さと平易さ、その奥深さと身近さ、そしてその一つ一つの祈りのことばに込められた信仰の豊かさと濃さは、「たっぷりの霊想のこもった内実ある祈り」そのものだと思います。

そのような中で、あえて「祈りの本」を記そうと決心した理由の一つは、これも小畑先生のことばの中にあった「日頃胸中にわだかまっていた想い、すなわち神学研究において祈禱論がほとんど不毛に近いことへの無念」の一文に心動かされたことがあります。この思いはもちろん小畑先生一人のものでなく、私もこれまで教えを受けた恩師たちから繰り返し聞いてきたことばです。そして事実、神学史において「祈り」を神学的・体系的に論じたものはほとんどありません。

その中で、本書でもたびたび参照する、日本を代表する組織神学者で、東京神学大学元学長の近藤勝彦《こんどうかつひこ》先生の著書『キリスト教教義学』(教文館、上巻・二〇二一年、下巻・二〇二二年)が、下巻に「祈禱論」の章を設けて「祈り」を神学的に論じているのは画期的なことであり、近藤先生もきっと小畑先生と同様の思いを持っておられたのではないかと想像します。

本書は体系的な祈禱論の入口になればという願いをもって著したものです。毎日、祈りをささげ続けている信仰者お一人ひとりが、あらためて自分の「祈る」という行為について、一度立ち止まって自覚的に考え、整理してみることは意味ある作業ではないかと思うのです。

古代教会のことばに「祈りの法が、信仰の法」(lex orandi, lex credendi) というものがあります。それぞれの教会の持つ伝統、教義や制度といった「信仰の法」というものは、祈りや礼拝という生きた信仰の営みによって生み出され、培われてきたものです。そのような「祈りの法」にこそ、信仰の真髄が最もよく現れてくるものと考えられてきたのです。

私たちがささげている祈りにも、長年にわたって培われてきたキリスト教会の祈りの伝統と、それに基づく様式や作法があり、しかもそれはかなりの多様さを持っています。祈りにはそれだけ広さや豊かさ、奥深さがあるのです。

「キリスト教会」とひとくちに言っても、世界を見渡せばロシア正教やギリシア正教などの東方教会系の長年の祈りの伝統があります。それは西方教会の伝統にあるローマ・カトリック教会においても同様ですし、十六世紀宗教改革によってそこから別れ出たプロテスタント教会、そのうちのルター派教会、メソジスト教会、改革派教会やピューリタンの影響を受けた長老教会、英国国教会（聖公会）の祈りの伝統もあります。その後ヨーロッパ各地で生まれた自由教会、敬虔主義や信仰復興運動、そして今日多く枝分かれした教派や教団によっても祈りの文化にはさまざまな伝統がありますし、信仰者個々人もそれらの祈りの伝統から何らかの影響を受け継いでいます。

卑近な例で恐縮ですが、祈りについての一つの思い出をお分かちしたいと思います。

私は牧師の家庭で生まれ育ちました。一番人数が多かった時は、両親と姉、兄、私と妹のきょうだい四人、そして父方の祖母と曾祖母もいる四世代八人家族という家族構成でした。同居していた祖母もキリスト者でしたので、一緒に礼拝にも行き、祖母の聖書を読む姿や祈る姿にも親しんでいました。母方の祖父母は東京で牧師をしており、お正月や夏休みなどに世田谷にある祖父母の家に行き、祖父の牧会する教会の礼拝に出たこともありました。

まだ子どもだった私ですが、ある時ふとこんなことを思ったことがありました。「同居している祖母のお祈りと、世田谷にいる祖父母のお祈りの仕方がずいぶん違うな」と感じたのです。父方の祖母の祈りは姿勢を正し、静かな声で淡々と、しかし厳かにことばを紡ぐ、ある種の禁欲的な雰囲気を感じる祈りでした。それに比べて母方の祖父母の祈りは、大きな声で明るく、生き生きとして自由な雰囲気を感じさせる祈りでした。よくだれかの祈りの途中に「アーメン！」と相槌を入れることもありましたし、体を大きく揺さぶりながら祈ることもありました。「同じイエスさまを信じているのに、お祈りの仕方ってずいぶん違うものだな」と子どもなりにその違いを感じ取っていたのを覚えています。

後になっていろいろとわかってきたこともあり、自分なりにその理由を整理してみました。父方の祖母節枝《せつえ》は茨城県水海道市の生まれで、十代の頃、植村正久《うえむらまさひさ》で知られる当時の代表的なプロテスタント教会であった長老系の旧日本基督教会（旧日基）の教会で信仰を持ち、日本植民地下時代の朝鮮半島の京城（今のソウル）にあった日本基督教会朝鮮中会の若松町教会で青年時代を過ごしていたことがわかりました。しかしその後しばらくして信仰から離れてしまい、戦後、日本に引き揚げた後、離婚や一人息子であった私の父の結核の闘病、その中での劇的な救いの出来事をきっかけにして信仰を回復した人でした。あのまり自分のことを多く話さなかったのと、私もそんな話を祖母に聞く年齢でもなかったので、これらの多くは祖母の亡くなった後に知ったことでした。

一方、母方の祖父母はそれぞれ関西の出身で、祖父安藤仲市《あんどうなかいち》は若い日に出身地の島根を飛び出して神戸で仕事に就いており、ある夜、B・F・バックストンの松江バンドの流れで、神戸の新開地の天幕集会でメッセージをしていたパゼット・ウィルクス師の語る聖書の話を生まれて初めて聞き、その日のうちに救われたという人でした。その後、日本伝道隊、ホーリネス教会、きよめ教会で中田重治《なかだじゅうじ》の直系の弟子として働き、一九四二年（昭和十七年）六月のホーリネス一斉弾圧で逮捕される経験をした、いわゆる「きよめ派」の出身。戦後の福音派でも「まとめ役」のような役割を果たした人でした。祖母安藤路得子《あんどうるつこ》は上井乙熊《うわいおとくま》という牧師の娘で、プール女学院を卒業し、生まれ持っての明るさもあって、祖父と結婚した後も熱心、快活な信仰篤い人でした。非常に荒っぽい表現ですが、「知性」を重んじ、質実剛健な雰囲気の旧日基の信仰と、「感情」を重んじ、救霊への熱心さや聖霊による感化を重視するきよめ派と、その両者の信仰の理解の仕方やその表現の違いが、それぞれの「祈り」によく現れていたのだと思います。

本書は全体で四部構成からなっています。第一部「祈りの教え」では、「祈りとは何か」を教理的に整理し、第二部「祈りの諸相」では、私たちが祈りの生活の中で経験する事柄をあらためて考えてみました。第三部「祈りの作法」では、祈る時に心に留め、実践してみたいことがらを十三ほど挙げてみました。本文でも書きましたが、「十三」の数にこだわりはありません。むしろ、この「作法」が皆さんの中で少しずつ増えていくことを願っています。そして第四部「三位一体の神との豊かな語らいとしての祈り」では、皆さんの祈りの何かのお役に立てばと思い、いくつかの祈りのことばを記してみました。

私たちもいつのまにか身に着いた祈り、自覚的に学び取った祈り、自然と口にするようになっていた祈り、今も格闘中の祈りなど、さまざまな祈りの経験の中にあります。そのような「祈り」を一度、自分の内側からあらためて取り出してみて、「祈りの教え」「祈りの諸相」「祈りの作法」という仕方で整理してみてはどうか。それが本書の意図するところです。

本書がお一人ひとりの祈りの生活をさらに祝福に溢れたものとなるお手伝いになれば幸いですし、それをもって御父・御子・聖霊の三位一体なる神との豊かな語らいに資するものになればと願っています。

目　次◉三位一体の神と語らう

はじめに　3

第一部　祈りの教え……17
第一章　はじめての祈り　18
第二章　御父と祈り　28
第三章　御子と祈り　39
第四章　聖霊と祈り　61

第二部　祈りの諸相……77
第一章　ひとりの祈り　78
第二章　ともなる祈り　91

第三章　祈りと聴許《ちょうきょ》　106
第四章　祈りの力　130

第三部　祈りの作法

祈りの作法……153
祈りの作法 その一　素直になって　154
祈りの作法 その二　声を聴きながら　156
祈りの作法 その三　時を取り分けて　158
祈りの作法 その四　咄嗟《とっさ》の時にも　160
祈りの作法 その五　慌てず、急がず　162
祈りの作法 その六　願いつつ、委ねつつ　164
祈りの作法 その七　ことばにならなくても　166
祈りの作法 その八　心を注ぎ出して　168

祈りの作法 その九　心を合わせて　171
祈りの作法 その十　「アーメン」をはっきりと　174
祈りの作法 その十一　先人の祈りにならって　176
祈りの作法 その十二　「主の祈り」に教えられつつ　180
祈りの作法 その十三　祈りの射程を広げよう　182

第四部　神との語らいとしての祈り……………………185

おわりに　208
感謝のことば　211

第一部　祈りの教え

第一章　はじめての祈り

あれは祈りだったのだろうか？

あなたは、はじめて祈った時のことを覚えておられるでしょうか。

これは単純な問いのようでありながら、いろいろと考えさせられる問いです。「あの日、あの時、自分ははじめて神さまに祈った」というはっきりとした記憶を持っておられる方もあるでしょう。「祈っているうちに、涙と鼻水が止まらなくなった」という感動的な証しを聞いたこともあります。

しかし多くの場合、あらためて問われてみて「あれは祈りだったのだろうか？」と考え込むという方も少なくないのではないでしょうか。「あれが祈りだと言われれば、そうなのかもしれないが、少なくとも自分はそんな自覚があったわけではないし……」という方もあれば、「だれに向かって話しているのか自分でもわからず、ただ心の内にある思いを独り言のようにつぶやいていただけのようなもの」という方もあれば、むしろ「あの時は自分が祈っているという自覚はなかったけれど、今にして思えば、やはり私は神さまに祈っていた」と再確認する方もおられるでしょう。

　生まれた時から生活の中にすでに祈りがあったという経験。幼稚園や学校で覚えて、意味もわからず繰り返し「主の祈り」を唱えた経験。教会に通い、聖書を読むようになり、福音に触れて、信仰を求める道を歩み始めて、しかし紆余曲折いろいろなことがあり、信じたいのに信じられないと悶々《もんもん》としながら過ごしていた時、「『信じさせてください』と祈ったらよい」と勧められて、「信じてもいない私が『信じさせてください』なんて祈っていいものだろうか？」などと考えながら、恐る恐る祈ってみた経験。

　洗礼を受けてキリスト者になり、はじめて自分のことばで声に出して祈った時の緊張と清々しさ。礼拝の献金感謝の祈りや代表の祈りにはじめて指名された時の恐れと緊張。周囲の先輩キリスト者たちの口から淀《よど》みなく出てくる祈りのことばを聞いて感じた圧倒されるような思い。そんな信仰の大先輩たちが、手を組み、目を閉じ、頭を垂れて一心に祈る姿に見たその真摯さ。そんな姿に励まされつつ、少しずつ祈りのことばを蓄え、やがて自分なりの祈りのことばを紡ぎ出せるようになった経験。そのような祈りの経験を重ねながら、私たちはいつの間にか「祈る人」とされてきました。

祈り続けることで、祈りのことばを一つ一つ身に着けるようになり、祈り続けることで祈りの世界の奥深さや豊かさをますます経験させられてきた。祈らなければわからなかった祈りの世界の広がりが、祈ることで少しずつ視野が開かれ、展望が広げられてきた。こうした祈る経験の積み重ねを通して、「ああ、やっぱりあれは祈りだったのだ」と、「神さまがあのことばを祈りとしてくださったのだ」と受け取り直すことができる――それが、私たちの信仰の歩みの一つの姿であると思うのです。

そもそも聖書の教える「祈り」とは、「知られていない神」（使徒一七・二三）への一方的な祈願、あるいは心の平静を得るための独白、精神を浄化させる瞑想、現実からの自己逃避の手段のようなものではなく、御父・御子・聖霊なる「三位一体」の生ける神との豊かな語らいです。この神は私たちに語りかけるお方であり、語りかけるばかりでなく、その語りかけに対する私たちの応答を待っていてくださり、私たちとの交わり、豊かな語らいを期待し、楽しもうとしていてくださるお方です。

私たちをご自身の似姿にお造りになり（創世一・二六）、一人ひとりをその名を呼んで愛し（イザヤ四三・一～四）、私が立つのも座るのも知っておられ（詩一三九篇）、その髪の毛の数さえご存じの（マタイ一〇・三〇）創造主なる愛の神が、しかも私たちが願うよりも先にすでに私たちに必要なものを知っておられる（同六・八）全知全能の神が、私たちの祈りを待っていてくださり、その交わり、対話の手段また通路として祈りを与えてくださっているのです。

「神さまはすべてご存じで、すべて決めてしまっているのだから、祈っても無駄ではないか」と言うのはあまりにも寂しい。それではまるで会話のない家族のような関わり、必要な用事だけをデスク上のメモやスマートフォン上でやりとりするような事務的な関わり、あるいは「祈り」というコインを投入口に入れて、欲しいもののスイッチを押し、出てきた答えを取り出し口から取り出す自動販売機のような関係です。

この後に詳しく触れていくことですが、私たちは「祈り」というとすぐに「聞かれるか・聞かれないか」ということだけに思いが向きがちです。もちろん祈りは願いでもありますから、神からの答えを期待するのは当然ですが、しかしそれが祈りのすべてではありません。「おまえは余計なことは言わず、黙って従っていればよい」「どうせ言っても決めているんでしょ。だったら何も言うことはありません。」そんな暴君のような父親と、反抗期の子どものような関わりではないのです。

「聞かなくてもわかる」「言わなくてもわかる」、だから「黙る」のではなく、「それでもあなたの声を聞きたい」「それでもわたしに願い、訴え、嘆き、感謝の報告をしてほしい」「あなたとことばを交わしたい」――三位一体の神は、そのように私たちとの交わりを求めてくださるお方なのであり、そのために与えられた特別の恵みが「祈り」なのです。

人の堕落と神のあわれみの最中で

旧約聖書の創世記四章二六節には、人類最初の祈りの姿が記されています。

「そのころ、人々は主の御名を呼ぶことを始めた。」

創世記四章は、神のかたちに創造され、神との交わりの中で生きるはずであった最初の人アダムとエバが罪に堕落したゆえに神との交わりを失い、エデンの園を追放された後の出来事が記されるところです。そこではまず二人の間に生まれた息子カインによる弟アベル殺しという悲劇が記されます。自分たちの罪の影響ゆえとはいえ、兄息子が弟息子を殺すという衝撃的な出来事を受けて、両親の痛みと悲しみはいかばかりであったかと想像します。

そんな中でアダム・エバ夫妻はもう一人の子を授かります。それは夫妻にとって、とりわけ母エバにとっては痛みの中での慰めであったことでしょう。生まれた子は「セツ」と名づけられます。この「セツ」という名は「授けてくださった」と語呂合わせになっていて、「神が授けてくださった」という意味を込めて付けられていました。またこの「授ける」には、「置く」「据える」「備える」という意味もあり、まさにセツはアダムとエバの堕落とそれが引き起こした悲劇的な出来事の後に、主なる神が備えてくださったあわれみのしるしでもあったのです。

たしかに、長男カインはその罪のゆえに主の前を去ることになり、カインの子孫たちの系図も閉じられ、アベルもその命が絶たれたことで創世記の舞台から消えていきました。しかしそこでアダムから始まるもう一つの系図に目が注がれることになります。

創世記三章で堕落後のアダムたちに語られた神の語りかけのうち、特に一五節に目を留めます。「わたしは敵意を、おまえと女の間に、おまえの子孫と女の子孫の間に置く。彼はおまえの頭を打ち、おまえは彼のかかとを打つ。」

そこで主が備えてくださったのがセツの存在でした。そしてこのセツの存在があってこそ次の五章に記されるアダムの系図が成り立つのであり、さらに新約聖書ルカの福音書三章では、やがて女の子孫としてはるか後の時代にこの系図の中から誕生されるイエス・キリストから、アダムへの遡る系図として記されるのです（ルカ三・三八）。

セツの誕生、それは、人の堕落の現実の最中にあらわれた神のあわれみのしるしであり、罪の中に堕ちた人間たちへの神の救いのお約束がその実現に向かって動き始める最初の小さな、しかし確かな希望の光なのでした。

主の御名を呼ぶことを始めた

「セツにもまた、男の子が生まれた。セツは彼の名をエノシュと呼んだ。そのころ、人々は主の御名を呼ぶことを始めた」（創世四・二六）。ここにはセツに続くエノシュの名前が記されます。「エノシュ」という名前は「人」という意味です。「アダム」という名が

「土（アダマ）」から造られたという本質的な意味を担う名前であるのに対して、「エノシュ」はより一般的な人間存在、もしくは「人」が土のちりから造られた弱く脆《もろ》い存在であることを示す名前と言われます。

そして、このエノシュの時代に始まった一つの事柄が記されるのです。「そのころ、人々は主の御名を呼ぶことを始めた。」別訳では「主に祈ることを始めた」と訳されています。

ここで私たちは、創世記が淡々と記す事柄の順序を心に留めたいと思います。アダムとエバの堕落があり、兄カインの弟アベル殺しがあり、それでもなお神のあわれみによって授けられたセツが生まれ、次いで「人」という名を持つエノシュが生まれる。このエノシュの時代に「人々は主の御名を呼ぶことを始めた」というのです。つまり人が祈ることを始めたのはエノシュの時から。人が堕落し、罪に陥り、それゆえの悲惨を味わい、痛みを経験し、それでもなお主のあわれみを受け、人として生きることを許されたその時からというのです。

想像するに、それまでアダムたちが神に祈っていなかったということではないでしょう。むしろ堕落以前のアダムとエバはエデンの園で神と親しく交わり、語り合う存在でした。

それは祈りというもの以上に、深く緊密で豊かな語らいであったに違いありません。しかしその交わりを人間が自ら断ち切ってしまった。それが罪の本質です。

その結果、彼らは神と親しく語らうどころか、神の御顔を避けて神から身を隠す存在になってしまった。「あなたはどこにいるのか」（創世三・九）と探されなくてはならない存在となってしまい、また「あなたの弟アベルは、どこにいるのか」（同四・九）と尋ねられなければならない存在となってしまった。神との関係が失われた結果、自分と最も近い隣人との関係も壊れてしまったのです。

しかしその時から「人々は主の御名を呼ぶことを始めた」と聖書は語る。何を祈ったのか、どう祈ったのかはわかりません。ただ確かなことは「主の御名を呼ぶことを始めた」という事実です。それは人がもう一度、神との関係の中に戻されていくことのしると言ってもよいでしょう。そしてそれはまた、神の似姿に造られた人が、神の御前にあって神との交わりに生きるという、人としての本来あるべき姿を取り戻していくための大事な一歩であったとも言えるでしょう。

「はじめての祈り」――それは特殊な経験のようでありながら、実は私たち人間にとってきわめて当然な経験であると聖書は語っています。「祈り」とは特別な人が行う特別なことではなく、人が人であるならばだれもが為すべき最も人間らしい営み。神と交わり、神と語らい、神の御声に聞く生活こそ、最も人間らしい生活。その神と人とを結ぶ交わりの通路が再び開かれた。それが「祈り」であると聖書は語るのです。

それればかりではありません。「祈り」は罪と堕落によって神との交わりを失った人が、もう一度、通路が開かれて神の御前に進み出て、神に向かって語りかけることを通して、自分自身が何ものであるかを深く知る経験でもあるのです。それは祈りが「独り言」であるというのではありません。人が神に向かって祈る時、祈っている自分自身の心と向き合い、自分自身の心の内を省みて、本当の自分自身の姿を見つめるのです。

さらには、アダム、セツ、エノシュ、さらにその子孫たちというように、家族が増え、人が増えていく時に祈ることが始まったということは、人が隣人とともに生きるためにも祈りが必要だということを示唆しているでしょう。「人々は主の御名を呼ぶことを始めた。」はじめての祈り。それは人がもう一度、神の御前に立ち返り、自分自身と向き合い、隣人とともに生き始めるという、罪によって喪《うしな》われた関係の回復、そして救いに至る道の始まりでもあるのです。

第二章　御父と祈り

三位一体の神と祈り

一章で、祈りとは「御父・御子・聖霊なる『三位一体』の生ける神との豊かな語らい」と申し上げました。このことをもう少し丁寧に考えてみたいと思います。

三位一体の生ける神と私たちとの語らいである交わりとしての「祈り」と、他の諸宗教あるいは神なき世界での「祈り」との決定的な違いは、祈る私たちがその相手を知っているか否かに掛かっていると言えるでしょう。そうであれば、それこそ「知られていない神」（使徒一七・二三）への祈りは、かたちとしては祈りの体裁をとってはいても、本当の祈りとは言えないということになるでしょう。

その例を挙げればきりがありません。「鰯《いわし》の頭も信心から」と言われるように、「だれを信じるか」「だれに祈るか」は問題でなく、「信じる心」「祈る心」が大事とされ、何でも神に祀《まつ》り上げることができるという自然宗教的な世界観の中に生きており、相手がどんな神であろうが、「いかに祈るか」が重要であって、相手が何であってもそれに向かって熱心に祈れば、それがいつしか神になってしまうということすら起こるのです。

ところが聖書は「いかに祈るのか」に先んじて、決定的に重要なこととして「だれに祈るのか」を問題にします。そして祈っている相手がどなたであるかを知っている、祈る相手を知った上で祈るということが重要なのです。先に挙げた近藤勝彦先生は、この点を以下のように簡潔に記しておられます。

「キリスト教的祈りは、神を呼び、神の御前で神にささげられる祈りであるが、イエス・キリストにあって聖霊によって祈られる意味で、キリスト論的な祈りでもあり、また聖霊論的な祈りでもあって、三位一体論的な祈りである。その際、キリスト教的祈りは、御子にあって、御霊により、御父に向かっての祈りの意味で、三位一体論的な祈りであるが、それのみならず、神ご自身が三位一体の神であるから、祈りが向けられる神が『御父なる神』であり、また『御子である神』でもあり、『御霊なる神』でもある。」
（『キリスト教教義学　下』六七四頁）

父なる神が、御子イエス・キリストを通し、聖霊によって私たちに語りかけてくださる。私たちも聖霊に助けられつつ、御子イエス・キリストの御名を通し、父なる神に応答して祈る。このように私たちの「祈る」という営みが、三位一体の神ご自身を経験することそのものであり、しかも三位一体の神ご自身が開いてくださった通路を通って与えられる、深く豊かな交わりであることを知らされるのです。

御父への祈り

あらためて考えてみると、これはまことに驚くべきことです。聖書を通して私たちにご自身を明らかに示される神について、『ウェストミンスター小教理問答』（一六四八年）の第四問は、神がどのようなお方かを問い、その答えとして「その存在、知恵、力、聖、義、いつくしみ、まことにおいて、無限、永遠、不変の霊です」（『ウェストミンスター小教理問答』日本キリスト改革派教会公認訳、教文館、二〇二三年）と教えました。

天地万物をお造りになった創造の神、全知全能のお方、そして私たちを贖《あがな》うことのできるお方であり、しかも私たちとともにおられるお方であるという、考えるだけでも気が遠くなるような、尻込みしたくなるような、想像をはるかに超えた偉大なる神がおられる。そのような神に向かって、こんなちっぽけな存在にすぎない自分が祈るなどということができるのだろうかと思います。

ところが主イエス・キリストは、そのような私たちに祈りを教えてくださいました。そして神に向かって「こう呼びかけたらよい」と仰《おっしゃ》ってくださいました。「主の祈り」を記すマタイの福音書六章では「天にいます私たちの父よ」（九節）、ルカの福音書一一章ではもっとストレートに「父よ」（二節）と。

主イエスは父なる神のひとり子ですから、そう呼ぶ資格があると言ってよいでしょう。しかし、私たちは創造主なる神によって土のちりから造られた者にすぎない。そんな存在が神を「私たちの父よ」と呼ぶなどということは許されるのか。全知全能の神を「父よ」と呼んで本当によいのか。そのように思ったりもします。

しかし主イエス・キリストは「天にいます私たちの父よ」と祈ってよいし、そう祈るべきだと教えてくださいました。何よりも父なる神ご自身が「わたしを呼べ。そうすれば、わたしはあなたに答え」る（エレミヤ三三・三）と言っておられる。なぜなら今や事実として、私たちは神の子どもとされている。だから神を「父よ」と呼ぶことができるのだというのです。使徒パウロはその経緯を二つの手紙の中に記します。

「あなたがたは、人を再び恐怖に陥れる、奴隷の霊を受けたのではなく、子とする御霊を受けたのです。この御霊によって、私たちは『アバ、父』と叫びます。」（ローマ八・一五）

「あなたがたが子であるので、神は『アバ、父よ』と叫ぶ御子の御霊を、私たちの心に遣わされました。」（ガラテヤ四・六）

東京基督教大学准教授の齋藤《さいとう》五十三《いそみ》先生は、『神の子とする恵み　宗教改革信条史における「神の子」概念再考』（教文館、二〇二四年）において、私たちが御父に向かって祈ることができる根拠を「御父の恵みである」とし、「御父はかつて罪の奴隷であった彼らを救い出し、神の家族の一員として彼らを迎え入れていく。神の子とされた者たちが、このような驚くべき恵みを知る中で、御父への感謝を表すために、御霊の働きを通して祈りへと導かれていくのは自然なことであると言える」と述べています（五三六頁）。

かつては神に背を向け、罪の奴隷となってしまっていた私たちを、父なる神が、御子イエス・キリストの十字架の贖いを通してその罪を赦し、義なる者、聖なる者としてくださった。そればかりでなく、聖霊によって今や、御子イエスを長子とし、私たちをそれに続く神の子どもとしてくださっている。だから御子イエス・キリストの父である神を、私たちも聖霊によって「アバ、父よ」と親しくお呼びすることができる、まさに神の子どもとして、父の懐に飛び込むようにして「お父さん」と叫び求めることができるというのです。

子としての祈り

私たちが神を「私たちの父よ」「アバ、父よ」と親しくお呼びすることができる、もう一つの理由があります。それは父なる神が御子イエス・キリストの贖いにより、まさしく私たちの「父」となり、「アバ、父よ」と叫ぶ御子の御霊を与えてくれたからです。つまり、父なる神が私たちを「神の子」として愛してくださっている、その神の愛のゆえ、ということです。

このことを教えるために、主イエスはマタイの福音書七章でこのように語られました。「あなたがたのうちのだれが、自分の子がパンを求めているのに石を与えるでしょうか。魚を求めているのに、蛇を与えるでしょうか。このように、あなたがたは悪い者ではあっても、自分の子どもたちには良いものを与えることを知っているのです。それならなおのこと、天におられるあなたがたの父は、ご自分に求める者たちに、良いものを与えてくださらないことがあるでしょうか」（七・九～一一）。

このことばは、その前の七節の「求めなさい。そうすれば与えられます。探しなさい。そうすれば見つかります。たたきなさい。そうすれば開かれます」という祈りの教えの続きで語られたことばです。そこで主イエスは祈りの反復、継続、熱心、執拗さを肯定的に教えてくださいました。一度、二度祈ってやめてしまう祈り、諦めてしまう祈りでなく、貪欲に、執拗に、しつこくしぶとく「求め続けなさい」「探し続けなさい」「たたき続けなさい」と勧め、そうすれば「与えられます」「見出します」「開かれます」と約束して、私たちの祈りを励ましてくださっています。

しかしその場合、祈りが聞き届けられる根拠を私たちの祈りの熱心さ、根気強さに据えていないという点が重要です。むしろ、祈りを聞いてくださるお方が私たちを愛してくださる「父」なる神であり、私たちが「神の子」とされている点にその根拠が置かれているのです。そこで主イエスは地上での人間の父親、しかも悪い人間である父親と、天の父なる神とを比べてみせるという仕方でお話しになりました。「地上の、どんなに悪い人間でも、わが子のためには良いものを与えるではないか」と。

心痛むことに、今の世の中ではそれすら「当然」と思えない現実もあります。わが子を見捨てる親、わが子を使って犯罪を犯す親、育児放棄の問題や虐待の問題は後を絶ちません。昨今は離婚した夫婦の共同親権のあり方を巡って大きな問題になっていますが、その背景に夫婦間ＤＶの問題があることも指摘されています。また児童虐待の例を見ると、離婚した子連れの女性の交際相手が連れ子を虐待する。母親もそれに抗えず、むしろ一緒になってわが子を虐待する。そういう悲惨な事件が起こっています。つまり、実の父親、あるいは父親の代わりに責任を負い、愛情を注ぐべき男性の側に問題があることが多いのです。

それでも主イエスは、本来ならばどんなに悪い人間でもわが子のためには愛を注ぐはずではないかと言われ、「それならなおのこと」と言われる。そして「天におられるあなたがたの父は、ご自分に求める者たちに、良いものを与えてくださらないことがあるでしょうか」と言われる。「天におられるあなたがたの父は、ご自分に求める者たちに、良いものを必ず与えてくださいます。絶対に！」と言われるのです。

この「それならなおのこと」という言い方は、主イエスがしばしば用いられる「小さいものから、より大きなものへ」「身近なものから、より遠大なものへ」「卑近なものから、より偉大なものへ」の比較の表現です。それは本来ならば比較できるようなものではないのですが、それでもあえて主イエスは私たちにわかりやすいように、比べようもないものを比べておられる。つまりそれぐらい父なる神の、神の子たちへの愛は広く、深く、破格の愛なのだと教えてくださっているのです。だから私たちはこの父なる神の愛を信頼して、「天におられる私たちの父よ」と呼んでいいのだ、と教えてくださっています。

そうであるならば、私たちは尻込みせずに、遠慮せずに、むしろ大胆に恵みの御座に近づき、父なる神の懐に飛び込んで、全知全能のお方、創造主なるお方を「天のお父さま」「天の父よ」とお呼びしたいと思います。父なる神も私たちがそのように呼ぶことを喜び、待っていてくださるのです。

最後に、本章のまとめとして、『ハイデルベルク信仰問答』（一五六三年）の第一二〇問を記しておきましょう（同信仰問答の内容については、拙著『ハイデルベルク信仰問答を読む　キリストのものとされて生きる』いのちのことば社、二〇一七年を参照）。

問　なぜキリストはわたしたちに、
神に対して「われらの父よ」と呼びかけるように
お命じになったのですか。

答　この方は、私たちの祈りのまさに冒頭において、
わたしたちの祈りの土台となるべき、
神に対する子どものような畏《おそ》れと信頼とを、
わたしたちに思い起こさせようとなさったからです。
言い換《か》えれば、神がキリストを通して
わたしたちの父となられ、
わたしたちの父親たちが
わたしたちに地上のものを拒まないように、
ましてや神は、

わたしたちが信仰によってこの方に求めるものを
拒もうとはなさらない、ということです。

（吉田隆訳、新教出版社、一九九九年）

第三章　御子と祈り

御子への祈り、御子による祈り

主イエス・キリストを信じ、洗礼を受け、教会の仲間の一人として信仰の生活を始めようとする時、いろいろと気になったり、心配になったりすることの多くは、とても日常的なことであったり、具体的なものであったりすることが多いようです。私も洗礼を志願される方と準備を重ねる中で、いろいろと尋ねられることがありました。「礼拝に行く時はどんな服装がふさわしいでしょうか?」「献金の額はどうやって決めたらいいでしょうか?」「教会の人の名前をなかなか覚えられないのですが、どうしたらよいでしょうか?」などなど。そんな中でよく尋ねられた質問の一つが、「お祈りをする時は、何と言って始めたらよいのでしょうか?」というものでした。

私が小さい頃は「お祈りをする時は手を組んで、目を閉じて、お口も閉じましょう」などと教会学校でよく教えられたものです。「目を閉じて」というのが子どもにはなかなか素直に従えないもので、薄目を開けて周りを見回し、同じように薄目を開けている子と目が合って、お祈りが終わった途端に「○○ちゃんはお祈りの時、目を開けていました!」と得意げに告げ口し、「どうして○○ちゃんが目を開けているってわかったんですか?」と逆に問い詰められて自分も目を開けていたことがばれるという、微笑ましいというか、実に昭和の教会学校らしい光景が繰り返されていました。

それはともかく、お祈りの仕方ということでは「最初に『天のお父さま』『父なる神さま』と呼びかけ、最後は『イエスさまのお名前によって』『イエスさまのお名前を通してお祈りします』と言って、最後に『アーメン』と結ぶのだ」と。「『アーメン』は『そのとおりです。私もそう信じます』ということです」と教えられたものでした。

前章では、父なる神が、御子イエス・キリストを通し、聖霊によって私たちに語りかけてくださる。私たちも聖霊にとりなされつつ、御子イエス・キリストの御名を通し、父なる神に応答して祈る。このように私たちの「祈る」という営みが、三位一体の神ご自身を経験することそのものであり、しかも三位一体の神ご自身が開いてくださった祈りの通路を行き来しながら与えられる、深く豊かな交わりであることを学びました。

祈りは三位一体の神に向かってささげられているのですから、「祈りが向けられる神が『御父なる神』であり、また『御子である神』でもあり、『御霊なる神』でもある」（近藤、前掲書、六七四頁）と言えるのであり、そうすると祈りの呼びかけのバリエーションもぐっと広がることになるでしょう。

ちなみにあなたは、ご自分の祈りや周りの方々の祈りの「呼びかけ」がどんなものか、気にしてみたことがあるでしょうか。「神さま」「主よ」「天のお父さま」といったシンプルなものから、「ご在天《ざいてん》の父なる御神」「イエス・キリストの父なる神」「天地万物の造り主にして全能なる神」といった厳かさを醸し出すものもあるでしょうし、「イエスさま」と呼ぶ祈りもあるでしょう。冒頭に触れたように、こういう祈りのことば遣いに表れる信仰の「かたち」があるものです。ともかくここで強調しておきたいのは、祈りの呼びかけは御父のみに向かうだけのものではなく、御子を呼ぶ祈りもあり、聖霊を呼ぶ祈りもあるということです。

こうして考えてみると、「祈り」は三位一体の神を深く知る上でのよい機会にもなります。教理的に整理するならば、父なる神、御子イエス・キリスト、聖霊の三つのあり方を「位格《いかく》」と呼びますが、三つの位格で一つの神ですから、この三位一体の神が「一つ」であるという「存在のあり方」に注目すれば、「父なる神よ」との呼びかけも、「御子イエスよ」「聖霊よ」との呼びかけも、いずれも成り立つものだということがわかります。

その一方で、三位一体の神の救いのお働きに注目し、「主宰者」なる御父、「実行者」なる御子、「適用者」なる聖霊という「三つ」の「働きのあり方」に注目すれば、聖霊にとりなされつつ、御子イエス・キリストの御名によって「父なる神よ」と祈ることは、三位一体の神のお働きのあり方と、各位格の働きの秩序に適ったものと言えるでしょう。

大切なことは、「祈り」を三位一体の神との結びつきの中でよく理解するということです。今自分がささげているのは、三位一体の神の「存在のあり方」との関わりを重視してささげている祈りか、それとも三位一体の神の「働きのあり方」との関わりを重視してささげている祈りか。毎回それを厳密に定義しなければならないということではありません。しかし、それらをまったく顧慮しない無自覚な祈りは、時に三位一体の神の理解に誤解や混乱を生む恐れがあります。

私たちは三位一体の神の各位格の固有性と関係性、一体性と区別性をそれにふさわしく理解し、自覚的に祈る者へと成長させられたいと願うのです。

「祈りの仲保者」としての御子キリスト

その上で、本章の主題である「御子と祈り」について、さらに考えを進めていきましょう。三位一体の神の存在のあり方、その働き方を踏まえた上で、私たちが父なる神に向かって祈ることを可能にするものは何かを考える時、そこで決定的な意味を持つのが、御子イエス・キリストによる贖いの御業です。

罪を犯して堕落し、神に背を向け、神との交わりを断ち切り、自らを神として自分中心に生きてきた私たち。そのような私たちの姿を、エペソ人への手紙二章は次のように言い表します。

「あなたがたは自分の背きと罪の中に死んでいた者であり、かつては、それらの罪の中にあってこの世の流れに従い、空中の権威を持つ支配者、すなわち、不従順の子らの中に今も働いている霊に従って歩んでいました。私たちもみな、不従順の子らの中にあって、かつては自分の肉の欲のままに生き、肉と心の望むことを行い、ほかの人たちと同じように、生まれながら御怒りを受けるべき子らでした。」（一〜三節）

自分では「生きている」「歩んでいる」と思っているのに、実は「自分の背きと罪の中に死んでいた」というところに、人間の罪と悲惨の姿があります。

けれども、それに続いてこう語られるのです。「しかし、あわれみ豊かな神は、私たちを愛してくださったその大きな愛のゆえに、背きの中に死んでいた私たちを、キリストとともに生かしてくださいました。あなたがたが救われたのは恵みによるのです」（四〜五節）。ある説教者は、この「しかし、あわれみ豊かな神は」の「しかし」ほど聖書の中で大きな転換を生み出すことばはない、と言われました。本当にそうだと思います。

こうしてあわれみ豊かな神の大きな愛のゆえに、御子イエス・キリストの贖いによって、私たちは今や罪を赦され、義とされ、聖とされ、キリストと一つに結ぶ合わされる幸いにあずかりました。これらの贖いの御業のトータルな表現が「神の子とされた」ということです。それで私たちは今、聖霊によって「アバ、父よ」と叫ぶ御子の御霊をいただいているのです（ローマ八・五、ガラテヤ四・六）。

私たちの罪を贖い、御父との破れた関係を回復してくださった御子キリストを指して「贖いの仲保者」という言い方をします。「仲保者（mediator）」とは「仲を取り持つ者」「仲介者」ということですが、さらに宗教改革の教会は、この贖いの仲保者なる御子イエス・キリストの果たされた御業を「預言者職」「祭司職」「王職」にまとめ、これらを「贖い主の仲保者の三重の職務」と整理しました。

贖いの仲保者イエス・キリストの三重の務めのうち、特に祈りとの関係で重要なのが「祭司」の務めです。これについて『ウェストミンスター小教理問答』第二五問が次のようにまとめています。

問　キリストは、祭司の職務をどのように遂行されますか。

答　キリストは、神の義を満たしてわたしたちを神に和解させるために、ご自身をいけにえとしてただ一度献《ささ》げたことと、わたしたちのために絶えず執《と》り成しをされることによって、祭司の職務を遂行されます。

（日本キリスト改革派教会公認訳、教文館、二〇二三年）

このように、私たちが御父に祈ることができるのは、御子イエス・キリストが、「神の義を満たしてわたしたちを神と和解させるために」、十字架にかかられて「ご自身をいけにえとしてただ一度献げ」てくださったこと、そして天に挙げられた今、御父の右の座に着き、そこから助け主の聖霊を送り、「わたしたちのために絶えず執り成しをされ」、その絶えざる執り成しによって「祭司の職務を遂行」してくださっているゆえなのです。これが御子イエス・キリストの「仲保者」の御業です。

この経緯をよく辿《たど》ってみれば、私たちが今や神の子として、御子イエス・キリストの御名によって父なる神に向かって祈ることができる、その意味が明らかになるでしょう。そしてそのゆえに、私たちの祈りが「主イエスの御名によって祈ります」「主イエスの御名を通して祈ります」とのことばで結ばれる意味もわかってくるでしょう。

私たちは自分自身の罪深さを知る時、しかも救われて後にも同じ罪や過ちを何度も繰り返し、悪い習慣から離れることができず、誘惑に負けてしまう時、父なる神の御前に出ることに恐れを抱きます。礼拝で過ぎた一週間の罪の告白をしながら、「また先週と同じ罪を告白している」自分に気づき、愕然とします。「悔い改めが必要だ」とわかってはいても、自分に対する情けなさ、ふがいなさ、怒りの感情も相俟《あいま》って、「どんな顔をして神の御前に出ることができるのか」と思います。「仏の顔も三度まで」よりも主イエスは「七回を七十倍するまで」（マタイ一八・二二）赦してくださるとはいえ、こんなに同じ罪を繰り返す自分を自分で赦すことができず、悔い改めるよりも神の御顔を避けて後退《あとずさ》りをし、ついには「神さまに顔向けできない」と言って御前から立ち去ってしまうことすらあるのです。

しかし私たちの祈りは、贖いの仲保者なる御子イエス・キリストの御名による祈りです。私たちの罪を赦し、そして今も罪を繰り返す「古い人」として聖化の途上を歩む私たちのためにとりなしてくださる、祭司なるイエス・キリストの御名を通しての祈りです。私が罪ある自分を赦せず、受け入れられず、もう自分の信仰はダメだとすべてを放り出そうとしてしまいそうになる時、御子イエス・キリストは、その私のために祭司として父なる神の御前で、私を見限ることなく、諦めることなく、失望することなく、だからこそ「わたしの名によって祈れ」と励まし、「わたしが御父のもとに一緒に行くから」と何度もとりなし続けていてくださる。それで私たちは主イエスの御名によって祈ることができるのです。

齋藤先生は、「神の子として生き、成長するために、神の子らは祈る必要がある。神の国において彼らの神の子性が完成に至るまでの旅路の途上にあって、自らの弱さに直面するとき、あるいは霊的・身体的な必要を覚えるとき、さらには罪を犯したときに、神の子らはさまざまな必要において御父に祈り求めることになる。このように祈り続けるプロセスを通して御父と神の子らの関係は深められ、発展を続けて行く」として「子として祈る特権」を教えています（齋藤、前掲書、五三八頁）。

このような御子イエス・キリストの「贖いの仲保者」、そして「祭司」としてのお姿は、「祈りの仲保者」と呼ぶことさえできるものです。「わたしはあなたのために、あなたの信仰がなくならないように祈りました。ですから、あなたは立ち直ったら、兄弟たちを力づけてやりなさい」（ルカ二二・三二）とペテロに語りかけてくださったお姿が、それを何よりも鮮明に示していると言えるでしょう。さらに十字架を前にした主イエスが、御父に向かって弟子たちのためのとりなしを祈ってくださった「大祭司の祈り」（ヨハネ一七・一～二六）にも、主イエスの祈りの仲保者としてのお姿が表されています。

「祈りの教師」としての御子キリスト

ここまで私たちは「祈り」について、いくつかの大切なことを学んできました。しかしまだ入口の議論で、この後も祈りを学ぶ営みは続きます。そこであらためて確認しておきたいのは、「私たちは『祈り』を学ぶ必要がある」ということです。

「何を今さら」と思われるかもしれませんが、これは繰り返し確認したい大事なことです。まずもって祈りとは何なのか。だれに向かって祈っているのか。祈っている時、そこではどのようなことが起こっているのか。いったい何を祈ればいいのか。祈りが聞かれるとはどういうことなのか。他にも考え出せば、祈りについて考えるべき問い、教えられるべき事柄は次々と出てくるでしょう。

そもそも「祈り」は、自然と私たちの内側から出てくるものではありません。三位一体の生ける神の語りかけへの応答として、交わりの手段として与えられるものです。ですから私たちは祈りについて繰り返し教えられ、よく学び取り、理解を深め、実際に祈ることを通して祈りを身に着ける必要があるのです。

そこでいくつかの問いが浮かんできます。祈りを学ぶとはいったいどのようなことなのか、そもそも祈りは学ぶことができるものなのか、学ぶとすればどうすればよいのか、などです。こういう場合に一番よいのは「祈りの教師」に教えられ、「祈りのお手本」に習うことでしょう。

ありがたいことに、私たちにはすでに最高の祈りの教師がいます。主イエス・キリストご自身です。主イエス・キリストは私たちに祈りを教えてくださるお方です。そして主イエス・キリストが私たちに教えてくださった最高の祈りのお手本が、「主の祈り」です。「主の祈り」はマタイの福音書六章、ルカの福音書一一章に記されています。この二つの祈りを読み比べてみると、そこからいろいろと気づくことがあるのですが、今は細かな話は脇に置いて、すでに述べた一つのことをもう一度確認しておきましょう。それは「主の祈り」とはその名のとおり、主イエス・キリストが私たちに教えてくださった祈りであるということです。

マタイの福音書においては、五章から始まる有名な「山上の説教」の最中の六章五節で「祈るとき偽善者たちのようであってはいけません。彼らは、人に見えるように、会堂や大通りの角に立って祈るのが好きだからです。まことに、あなたがたに言います。彼らはすでに自分の報いを受けているのです」と言われ、六節では「あなたが祈るときは、家の奥の自分の部屋に入りなさい。そして戸を閉めて、隠れたところにおられるあなたの父に祈りなさい。そうすれば、隠れたところで見ておられるあなたの父が、あなたに報いてくださいます」と言われました。

さらに七節では「祈るとき、異邦人にように、同じことばをただ繰り返してはいけません。彼らは、ことば数が多いことで聞かれると思っているのです」と言われ、八節では「ですから、彼らと同じようにしてはいけません。あなたがたの父は、あなたがたが求める前から、あなたがたに必要なものを知っておられるのです」と言われました。そして九節以降で「ですから、あなたがたはこう祈りなさい」と言われ、「天にいます私たちの父よ」と「主の祈り」を授けてくださったのでした。

主イエスは弟子たちに主の祈りを教えるに先立って、大切なことを教えてくださっています。私たちが祈る時、私たちの目は、そして私たちの心は、どこに向いているか、だれに向いているか、ということです。

私の大変尊敬する旧約学者で、青山学院大学教授の左近豊《さこんとむ》先生が書かれた「祈り」についての、小さいけれども非常に内容の深い書物があります。そこで左近先生がこう記しています。

「私たちの祈りのまなざしは天に向けられます。当然のようにも思われるかもしれません。けれども、私たちが祈る時に、しばしばまなざしが定まらないことを主イエスは痛みをもって知っておられ、言われます。『祈るときにも、あなたがたは偽善者のようであってはならない。偽善者たちは、人に見てもらおうと、会堂や大通りの角に立って祈りたがる』（マタイ六・五）と。祈りの目線があらぬ方向に向いて、よそ見をしてしまう。おのずから祈りの先にあるのは、そこで出会うのは、一歩一歩近づいて見えてくるのは、本来祈りが向かうべき方ではない。的を外して迷走する。救いの轍を外れてあらぬ方向へとさまよい出てしまう。」

（左近豊『信仰の手引き　祈り』日本キリスト教団出版局、二〇一六年、一〇七頁）

私たちも他人に見せようとまでは思いませんが、だれかと一緒に祈る時、あるいは礼拝で感謝祈禱の順番が回ってくる時、つい他人のことを気にしてしまう。上手に祈らなければならないと思ってしまう。しかし左近先生は、そのような姿を「祈りながらよそ見をしてしまう」というのです。そしてこう記すのです。「大事なのは、まなざしを散らさずに祈ること、祈りの向く方向を定めること」だと（同頁）。

教会の長い歴史の中には、私たちが「このようであれたら」と憧れる「祈りの人」が数多く存在します。彼らに共通するのは、まさに「よそ見をせずに、祈りの向く方向をしっかりと見定めていた」ということでしょう。歴史に名を残した人物だけではありません。きっとあなたの身近にも、教会にも、そのような「祈りの人」「祈りの勇士」がおられることでしょう。

しかし、このような祈りを教えてくださったのは、なんといっても主イエス・キリストご自身でした。御父に向かってまっすぐに祈られる御子のお姿。そこに私たちは「祈りの教師」としての主イエス・キリストを見るのです。そして「祈りの教師」としての主イエスは私たちに祈りの姿勢を教えてくださるとともに、祈りのことばをも授けてくださいました。

ルカの福音書一一章一節を見てみましょう。「さて、イエスはある場所で祈っておられた。祈りが終わると、弟子の一人がイエスに言った。『主よ。ヨハネが弟子たちに教えたように、私たちにも祈りを教えてください。』」

「ある場所で祈っておられた」その主イエスの姿を見ていた弟子たちは、祈り終えられるのを待っていたかのように「私たちにも祈りを教えてください」と願い出るのです。当時のユダヤ社会では、律法学者の各学派によって、それぞれの祈りの流儀があったようです。洗礼者ヨハネの弟子たちも、ヨハネから教えられた祈りを口ずさんでいたのでしょう。それを知った弟子たちは、自分たちにも独自の祈りを教えてほしいと考えたのではないでしょうか。その願いに応じる仕方で、二節で「そこでイエスは彼らに言われた。『祈るときには、こう言いなさい』」と教えてくださったのが主の祈りです。

マタイの福音書のように主イエス自らが祈りの教えの一環として教えられたか、ルカの福音書のように弟子たちの求めに応じて教えられたか、福音書の記し方に違いはあれど、主イエス・キリストご自身が教え、授けてくださった祈りであるということに変わりはありません。ですから祈りの作法を学ぶにあたって、「主の祈り」こそが最善最適の教材であると言ってよいでしょう。

実際に、教会は長い歴史の中で主の祈りを祈り続けてきました。「イエス一派」の祈り、「ナザレ派」独自の祈りに終始したわけではありません。この祈りは絶えることなく祈られ続け、迫害に耐え、世界に広がり、口から口へと伝えられ、そして今や全世界のキリスト者たちが心を一つに、声を合わせることのできる祈りとなっているというのは、まことに感動的です。

また「主の祈り」は、ただ「祈り」のことばとしてだけでなく、そこで祈られる一つ一つのことばが信仰の教えとしての役割も果たしてきました。この点を特に重視したのが十六世紀宗教改革の教会です。この時代に作られた数多くの「信仰問答《カテキズム》」、たとえばマルティン・ルターの『小教理問答』（一五二九年）や、先に紹介した『ハイデルベルク信仰問答』、十七世紀の『ウェストミンスター小教理問答』などは、いずれも「使徒信条」「十戒」「主の祈り」のいわゆる「三要文《さんようもん》」の説き明かしを中心に作られています。

とりわけ宗教改革者カルヴァンの主著『キリスト教綱要』（一五五九年版）の第三篇第二〇章「祈りは信仰の修練の主要なものであって、我々はこれによって神の恵みを日ごとに受け取るということについて」は、古くから最も優れた祈りの教えの一つとして尊ばれてきたもので、後にはこの章だけを抜粋して小冊子にしたものが作られ、長く読み継がれるほどに影響を与えたものです。第二〇章は第一節から第五一節まである分量の多い箇所ですが、カルヴァンはそのうち第三四節から第四七節までを用いて「主の祈り」を詳細に説き明かし、第四八節では「主の祈り」を次のように総括しています。

「キリストは、御父が我々のために立て、我々がそこからのみ聞くことを欲したもうた（マタイ一七・五）最も良き教師である。神に求むべきこと、また求めることのできるものは全て、キリストの教えたもうたこの定式、謂わばこの祈りの規範の内に定められている。彼は常に御父の永遠の知恵に在し（イザヤ一一・二）、また人となって大いなる計画の使節として人類に授けられたもうた。この祈りは全ての点で完璧であって、外部からこれにいかなる項目が追加されても、それは不敬虔であって、神の是認したまわぬ無価値なものである。」

（カルヴァン『キリスト教綱要第三篇　改訳版』渡辺信夫訳、新教出版社、二〇〇八年、四二〇頁）

「祈りの模範」としての御子キリスト

このように私たちに祈りを教えてくださった主イエス・キリストは、私たちにとっての「祈りの教師」であるのみならず、ご自身が「祈りの人」でした。先に見たルカの福音書一一章一節にもあるように、主イエスは三年あまりの公生涯の間、「狐には穴があり、空の鳥には巣があるが、人の子には枕するところもありません」（マタイ八・二〇、マルコ九・五八）と言われるほどに、福音を宣べ伝え、病の人を癒やし、悪霊につかれた人を追い出し、人々にまことの救いをもたらすために、息つく間もないような旅から旅への日々を続けておられました。

しかしそんな超多忙な日々の中でも、「イエスは朝早く、まだ暗いうちに起きて寂しいところに出かけて行き、そこで祈っておられた」（マルコ一・三五）とあるように、しばしば皆から離れて静かなところに退かれ、御父との祈りの交わりの時を大切にされていたことを福音書は記しています。

しかし、ここでも問いが生まれます。主イエス・キリストはなぜ祈られたのだろうか。主イエスには祈る必要があったのだろうか。三位一体の神の第一位格なる父なると、第二位格なる神の御子であれば、そこにはすでに完全な一致があるはずで、祈りなど必要ないほどに、すでに完全な意思の疎通があったのではないかと。いやいや、受肉して御子は、私たちと同じ肉体をとられたのだから、やはり私たちと同じように祈る必要があったのではないか、等々。

これらの問いは興味は駆り立てられるものの、いかにも無粋な問いということかもしれません。そもそも祈りは「必要度」で測られるものではないからです。

ここでも私たちが思い出すべき大切なことは、祈りの本質が「三位一体の神との豊かな語らい」であり「交わり」であるという事実です。祈りは単なる意思伝達や連絡、報告、情報交換の手段でなく、「愛の交わり」の具体的な姿です。御父と御子の「祈り」は、天と地との間の定例報告会のようなものでなく、まさに御父と御子の間の愛の交わり、愛の語らいだったでしょう。

そうであれば、私たちがこのような主イエスの祈りの姿を見る時、主イエスが「祈りの人」であるとともに、私たちのための「祈りの模範」でもあると教えられるのです。しかも主イエスが祈られた「ことば」が私たちの模範であるばかりでなく、その祈る「姿」が私たちの模範でもあるのです。主イエスは祈りがご自身にとって必要だったからという以上に、ご自身が御父に祈る姿をもって、私たちに祈りの模範を示してくださったということができるのです。

主イエス・キリストの「祈りの模範」としての姿、その祈る「ことば」と「姿」が一体となって現れた最も鮮明な姿が、マタイ、マルコ、ルカ、ヨハネの四つの福音書のいずれもが印象深く記録した、あの十字架の受難を前にしたゲツセマネの園における祈りであったと言えるでしょう（マタイ二六・三六～四六、マルコ一四・三二～四二、ルカ二二・四〇～四六、ヨハネ一八・一）。

マルコの福音書一四章では、主イエスは弟子たちに「わたしが祈っている間、ここに座っていなさい」（三二節）と命じられ、ペテロ、ヤコブ、ヨハネを引き連れて園に入られると「深く悩み、もだえ始め、彼らに言われた。『わたしは悲しみのあまり死ぬほどです。ここにいて、目を覚ましていなさい。』それからイエスは少し進んで行って、地面にひれ伏し、できることなら、この時が自分から過ぎ去るようにと祈られた。そしてこう言われた。『アバ、父よ。あなたは何でもおできになります。どうか、この杯をわたしから取り去ってください。しかし、わたしの望むことではなく、あなたがお望みになることが行われますように』」（同三三～三六節）と祈られました。

ルカの福音書二二章では「父よ、みこころなら、この杯《さかずき》をわたしから取り去ってください。しかし、わたしの願いではなく、みこころがなりますように」（四二節）と祈られたと記されます。そしてマタイの福音書二六章では「わが父よ、できることなら、この杯をわたしから過ぎ去らせてください。しかし、わたしが望むようにではなく、あなたが望まれるままに、なさってください」（同三九節）と祈られた後、もう一度、「『わが父よ。わたしが飲まなければこの杯が過ぎ去らないのであれば、あなたのみこころがなりますように』と祈られた」（同四二節）と記されています。

ここに「祈りの模範」としての御子イエス・キリストのお姿が鮮明に示されます。しかしそこでの祈りの「ことば」、祈りの「姿」は、私たちの「模範」というにはあまりにも圧倒的で、極限的な姿です。そこには「祈りというのは、これほどまでのものなのか」「これほどの祈りを自分は祈れるのだろうか」とだれもがたじろぎ、おののかざるをえない祈りの「ことば」があり、うとうとと眠りこけている弟子たちの姿と鋭いまでに対極的な、主イエスの「凄み」を感じずにはおれない祈りの「姿」があります。

けれども、この主イエスのゲツセマネでの祈りから、私たちの祈りは始まったとも言えるでしょう。あるいはまた「父よ、彼らをお赦しください。彼らは、自分で何をしているのかが分かっていないのです」（ルカ二三・三四）との祈りから。

まさにこれらの祈りは、父なる神のひとり子にして、祈りの仲保者であるイエス・キリストしか祈ることのできない祈りであり、その祈りがあってこそ、私たちの「主イエスの御名を通して」「主イエスの御名によって」の祈りの通路が開かれるのです。

第四章　聖霊と祈り

祈りにおける聖霊のあり方と働き方

　ここまで「御父と祈り」「御子と祈り」を通して、祈りとは「御父・御子・聖霊の三位一体の神との豊かな語らい、交わり」であり、「御父が御子を通し、聖霊によって与えてくださる交わりであり、私たちが聖霊に助けられつつ、御子イエス・キリストの御名を通し、父なる神に応答するという、三位一体の神が開いてくださった通路を通って与えられる、三位一体の神ご自身との深く豊かな交わりの経験」であることを確認してきました。

　そこで本章では三位一体の第三位格である「聖霊と祈り」について考えたいと思いますが、祈りのテーマに進む前に、聖霊の神のあり方と働き方について基本的な事柄を確認しておきましょう。

聖書は聖霊なる神のあり方と、その多様なお働きの仕方を記していますが、とりわけその中心となるものについて、主イエスご自身が教えてくださったことばに聞きたいと思います。まず、ヨハネの福音書一四章でこう言われました。

「わたしが父にお願いすると、父はもう一人の助け主をお与えくださり、その助け主がいつまでも、あなたがたとともにいるようにしてくださいます。この方は真理の御霊です。世はこの方を見ることも知ることもないので、受け入れることができません。あなたがたは、この方を知っています。この方はあなたがたとともにおられ、また、あなたがたのうちにおられるようになるのです。」（一六～一七節）

「助け主、すなわち、父がわたしの名によってお遣わしになる聖霊は、あなたがたにすべてのことを教え、わたしがあなたがたに話したすべてのことを思い起こさせてくださいます。」（二六節）

また一六章では、このように述べておられます。

「その方、すなわち真理の御霊が来ると、あなたがたをすべての真理に導いてくださいます。御霊は自分から語るのではなく、聞いたことをすべて語り、これから起こることをあなたがたに伝えてくださいます。御霊はわたしの栄光を現されます。わたしのものを受けて、あなたがたに伝えてくださるのです。父が持っておられるものはすべて、わたしのものです。ですからわたしは、御霊がわたしのものを受けて、あなたがたに伝えると言ったのです。」

（一三～一五節）

このように、聖霊の神は「助け主」「真理の御霊」として、いつまでも私たちとともに、私たちのうちにいてくださり、主イエスが教えてくださったすべてのことを思い起こさせ、主イエスから聞いたことをすべて語り、主イエスの栄光を現すお方です。その上で使徒パウロが「神の御霊によって語る者はだれも『イエスは、のろわれよ』と言うことはなく、また、聖霊によるのでなければ、だれも『イエスは主です』と言うことはできません」（Ⅰコリント一二・三）と記したように、聖霊はイエス・キリストを「主」と告白させてくださるお方なのです。

古くから教会は、御父、御子とともに聖霊を神と告白してきました。とりわけ世界の教会が共通して信じ、告白する『ニカイア・コンスタンティノポリス信条』（三八一年）では、「われらは主にしていのちを与える聖霊を信ず。聖霊は御父と御子とより出で、御父と御子とともに礼拝せられ、崇められ、預言者を通して語りたまえり」と言い表されています。実際には聖霊が「御父から」出るのか、それとも「御父と御子とより（フィリオクエ）」出るのかを巡って、東西教会で論争がありました（詳細は拙著『ニカイア信条を読む　信じ、告白し、待ち望む』いのちのことば社、二〇一六年を参照）。ともかく聖霊は三位一体の第三位格の神であり、御子を証しし、私たちに御子を信じる信仰をもたらし、告白させてくださるお方であることがわかります。

また『ハイデルベルク信仰問答』の第五三問では、「『聖霊』について、あなたは何を信じていますか」と問い、「第一に、この方が御父《おんちち》や御子《みこ》と同様に永遠の神であられる、ということ。第二に、この方はわたしに与えられたお方でもあり、まことの信仰によってキリストとそのすべての恵みにわたしをあずからせ、わたしを慰め、永遠にわたしと共にいてくださる、ということです」と答えています。

そのほかにも、聖霊の大切なお働きとしては、「御霊は、みこころのままに、一人ひとりそれぞれに賜物を分け与えてくださるのです」（Ⅰコリント一二・一一）とあるように、私たちに御霊の賜物を豊かに分け与えてくださること（同一〜一一節）、「約束の聖霊によって証印を押された」（エペソ一・一三）ことにより「私たちが御国を受け継ぐことの保証」（同一四節）となってくださること、「愛、喜び、平安、寛容、親切、善意、誠実、柔和、自制」といった「御霊の実」を結ばせてくださること（ガラテヤ五・二二〜二三）などがあり、「私たちは、御霊によって生きているのなら、御霊によって進もうではありませんか」（同二五節）と、新しい人として生きる私たちを励まし、助け、促していてくださるのです。

　その一方で、御霊のお働きには、いつもある種の「秘めやかさ」が伴っています。自らの存在や働きを前面に出すことをせず、御子を証しする助け主として、私たちとともに、私たちのうちにいてくださり、「黒衣」の役に徹しているかのように働いておられるのです。このように秘めやかな仕方で黒衣の役を果たし、主イエスを証しすることに徹しておられる聖霊の神の存在を過度にアピールしたり、そのお働きをことさらに強調したりすることは、聖霊ご自身の願うところとは異なるものだと言わなければならないでしょう。そしてこのような聖霊のあり方と働き方は、「祈り」においても意識される必要があると思います。

第三章の「御子への祈り、御子による祈り」の箇所で、「父なる神よ」と呼ぶ祈りとともに、「主イエスよ」と呼ぶ祈り、「聖霊よ」と呼ぶ祈りは可能かという問いを扱いました。そこでは三位一体の神への祈りであるという点では、そのいずれの祈りも可能だと申し上げました。事実、古代教会ではしばしば「来てください、造り主なる聖霊よ」（Veni Creator Spiritus）と祈られてきた歴史もあります。しかし、聖霊の神のあり方と働き方を捉える時、やはり聖霊は祈りの対象というよりも、それ以上に私たちの祈りの支え手であり、とりなし手であると理解することが重要でしょう。聖霊は今日も私たちのうちにあって、秘めやかな仕方で私たちを助け、励まし、慰め、御父と御子への祈りに伴っていてくださるのです。

聖霊と祈り

これもすでに第二章の「御父への祈り」で触れたことですが、私たちが全知全能なるお方、天地万物の創造主にして今もこの被造世界を統べ治めておられる神に向かって、「父よ」と親しくお呼びすることができるのは、神のひとり子にして、私たちの贖いの仲保者であられる主イエス・キリストのゆえに、私たちが今すでに神の子どもとされているという恵みの事実によっています。これはとても大切なことですから、あらためて「聖霊と祈り」という観点からも取り上げておきたいと思います。

そこでもう一度、聖霊と祈りについて使徒パウロが語った重要な二つの聖句を挙げます。

「あなたがたは、人を再び恐怖に陥れる、奴隷の霊を受けたのではなく、子とする御霊を受けたのです。この御霊によって、私たちは『アバ、父』と叫びます。」

（ローマ八・一五）

「あなたがたが子であるので、神は『アバ、父よ』と叫ぶ御子の御霊を、私たちの心に遣わされました。ですから、あなたはもはや奴隷ではなく、子です。子であれば、神による相続人です。」

（ガラテヤ四・六、七）

この二つの箇所では基本的に同じ事柄が語られていますが、目を留めたいのはローマ人への手紙の「この御霊によって、私たちは『アバ、父』と叫びます」と、ガラテヤ人への手紙の「神は『アバ、父よ』と叫ぶ御子の御霊を、私たちの心に遣わされました」の違いです。それは祈りにおいて私たちが「アバ、父よ」と叫んでいるのか、それとも御子の御霊が「アバ、父よ」と叫んでいるのかという、叫ぶ主体の違いです。

「違い」と言いましたが、それは「あれか、これか」という「相違性」の問題ではなく、実際には「私たち」も「御霊」も、そのいずれもが祈りの主語となりうる、聖霊のお働きにおける「相互性」の問題と言えるでしょう。つまり私たちのうちに、私たちとともにいてくださる内住の聖霊が、私たちの口を通し、私たちの存在を通し、そして事実、私の叫びとして「アバ、父よ」と叫んでいるのです。

この点について新約学者オスカー・クルマンは「人間が語ることが霊の語ることを排除するのでもなく、逆に霊の語ることが人間の語ることを排除するのでもない」とし、「『霊がわれわれの中で祈る』という直接法は、『絶えず祈れ』という命令法からわれわれを切り離さない。聖霊が語ることによってご自身の現存を証言されるので、われわれは祈らなければならないのである」（オスカー・クルマン『新約聖書における祈り』川村輝典訳、教文館、一九九九年、一四二～一四三頁）と述べています。

これは「人は心に信じて義と認められ、口で告白して救われるのです」（ローマ一〇・一〇）と「聖霊によるのでなければ、だれも『イエスは主です』と言うことはできません」（Ｉコリント一二・三）との相互的な関係性にも通じるものでしょう。聖霊は人の主体性を奪うのではなく、それを生かすという仕方で私たちを祈りに向かわせてくださるのです。

ことばにならないうめきをもって

最後に、本章の最も重要なテーマとも言える「御霊のとりなし」について考えます。ここでもまず使徒パウロが記したみことばに聞きましょう。

「同じように御霊も、弱い私たちを助けてくださいます。私たちは、何をどう祈ったらよいのか分からないのですが、御霊ご自身が、ことばにならないうめきをもって、とりなしてくださるのです。人間の心を探る方は、御霊の思いが何であるかを知っておられます。なぜなら、御霊は神のみこころにしたがって、聖徒たちのためにとりなしてくださるからです。」

（ローマ八・二六、二七）

「何をどう祈ったらよいのかわからない。」私たちは人生の途上において、しばしばこのような経験をさせられます。若い日の人生の挫折、突然の災害や事故、信頼していた友の裏切り、思いがけない病の宣告、進路変更を余儀なくされる不測の事態、自分の力では抗いきれない大きな圧力、そして愛する者との別れ、等々。

突然の出来事を前にしてショックを受け、心が大きく揺さぶられてしまって、何をどう祈ったらよいのかわからない。ずっしりと重い物が心にのしかかり、心が沈んでしまって、何をどう祈ったらよいのかわからない。問題の渦に巻き込まれて混乱し、心乱れてしまって、何をどう祈ってよいのかわからない。何が問題かもわかっている、何が正解かもわかっている、信仰の道理もわかっている、それを神のもとに持っていけばよいということもわかっている。わかっているのに心が散らばってしまって、何をどう祈ったらよいのかわからない。神を信じているからこそ、信頼してきたからこそ、起こった出来事が受け入れられず、神に対する怒りが沸々とわいてきてしまって、何をどう祈ったらよいのかわからない――。

何をどう祈ったらよいのかわからないだけでなく、そもそも祈る意味すらわからなくなり、祈ろうとする思いすら失せてしまう。そんな経験を通らされるのです。「なぜ、こんなことが起こるのか」という問いは、時に神を信じない者よりも、神を信じる人にとってより深刻なものとなるものです。神を信じない者であれば、「偶然のいたずら」「そういう運命だった」「運が悪かった」と諦めと悲嘆の中で受け入れるほかないのですが、神を信じる者にとっては、単に「なぜ、こんなことが」という問いで終わらず、そこに「神がおられるのに、なぜ、こんなことが」という神義論的な問いが伴うからです。

これまで繰り返し、「祈りとは三位一体の生ける神との豊かな語らい」だと申し上げてきました。また教会は古くから祈りを「神との対話」「魂の呼吸」になぞらえてもきました。しかし対話が途絶えること、息ができなくなることほどつらく苦しいものはありません。それは魂の危機です。そのような時、「そんなことでどうする」と叱咤されたり、「神を信じているのに祈れないなんて！」と責められたりしたら、きっととどめを刺されてしまうでしょう。

しかしそうした魂の危機の時に、「御霊ご自身が、ことばにならないうめきをもって、とりなしてくださる」というのです。なんと深い慰めと洞察に溢れたことばでしょうか。

うめく聖霊にとりなされて

二〇一一年三月十一日に起こった東日本大震災の際、岩手県大船渡市で地震と津波で被災された医師で、ケセン語訳聖書の訳者として知られる山浦玄嗣《やまうらはるつぐ》先生の著書に『ＴＯＭＯセレクト3・11後を生きる「なぜ」と問わない』（日本キリスト教団出版局、二〇一二年）があります。そこで先生は「神がいるのに、なぜ」という問いに意味はない。東北沿岸部の人たちはだれもそんなことは問わない。ただ起こった出来事を受けとめて淡々とそれに立ち向かっている。そんな無意味な問いを発するのは都会の人間の発想だ、という主旨のことを記しておられ、たいへん共感を覚えました。

私自身も震災後の支援活動に微力ながら関わりを持った経験の中で、同じようなことを考えたからです。その頃に抱いていた気持ちを、このように書き記しました。

「『なぜ』を問ういとまがあったら、みなさんとともに『いかに』生きるかを考えたい。そして、そのために自分がすべきこと、しなければならないことをしたい。

『なぜ』と問われて、答えなど出せない。しかし、それで沈黙してしまっては何も始まらない。それならば『なぜ』を問うより、『いかに』この出来事の中で生きるのか。そのことを問いたいと思った。『なぜ』を考える営みを放棄するつもりはない。でも今は『なぜ』を問うことよりも、この現実を前に『いかに』生きるべきか、何をなすべきかを考えることを優先したい。腕組みをして座り込んでしまうよりは、走りながら考えたい。そんな思いを抱いていたのだ。」

〈拙著『3・11ブックレット　〈あの日〉以後を生きる　走りつつ、悩みつつ、祈りつつ』いのちのことば社、二〇一四年、六七～六八頁〉

自分自身が「なぜ？　どうして？」という問いを心の内に抱えながら「うーん」と唸っているばかりのところに、だれかが目の前にやってきて「それはこういう意味だ。それはこういう理由だからだ」と、立て板に水の如くスラスラとその意味や理由を説き明かされたらどうでしょうか。「そういうことだったのか。教えてくれてありがとう」というよりも、きっと「いいから、少し黙っていてくれ」と言いたくなるのではないでしょうか。

聖霊の神は、茫然自失となって「何をどう祈ったらよいかわからない」、口から出るのは「うーん……」ということばにならないうめき、目から出るのはただただ溢れ出る涙という、そんな弱い私の傍らに来てくださり、一緒になって「うーん……」とうめいてくださる。まさに「御霊ご自身が、ことばにならないうめきをもって、とりなしてくださる」のです。これほどの深い慰めがあるでしょうか。ここにあるのは聖霊の神の「寄り添い」です。この聖霊の神に寄り添われて、私たちは御子を通して御父の御前に、ただそこにいることが許されるのです。

このように、うめく聖霊がとりなしてくださるがゆえに、私たちは祈れない時に「祈れません」と祈ってよいし、「祈れません」とすら言えないような心持ちのまま主の御前に出てよいのでしょう。散らかったままの心で、沈んだままの心で、動揺の収まらないままの心で、傷つき、疲れ果てた心のままで、それでも主の御前に出てよいし、そこにただいるだけでよいのです。

このような「聖霊のうめき」の空間が聖霊なる神と私の間に確保されているだけでなく、私たち互いの間にも確保されていることが必要だと思います。ただただ嘆き、うめくばかりの私が、それでも主の御前に出て来られる教会、そういう人が今日も必ずこの交わりの中にいるのだということを互いに弁《わきま》え知った礼拝の交わりが必要でしょう。元気な時しか行けない教会であったり、悩んで落ち込んだ時には行けない教会であったりしては残念なことです。悲しみや嘆き、つらさやうめきを持ったまま、そのようなお互いの間に聖霊が働かれる空間が確保された教会でありたいと願うのです。

いつもポジティブで明るく元気な教会であることはありえない。むしろ顔も上げられない、賛美の声も出ない、立ち上がることもできないし、人と挨拶するのもしんどい。交わりも挨拶も何もかも失礼して、ただみことばを聴き、そそくさと帰るような私でも、そんな者のために聖霊がともにうめいてくださることがわかる教会でありたいと願うのです。

しかし聖霊のとりなしは、うめくことに留まりません。「御霊も、弱い私たちを助けてくださいます」（ローマ八・二六）とあるように、そこにはある作用が生じています。「助ける」ということばは、ルカの福音書一〇章四〇節で主イエスの接待に疲れたマルタが「私の手伝いをするように」妹マリアに言ってほしいと訴えた、「手伝いをする」と同じことばです。

助け主の聖霊は、私たちの傍らでうめきつつ、しかし、私たちを無理矢理元気づけたり、引っ張り上げたりするということでなく、私たちのうちに働きつつ、私たちが主の御前に再び立ち上がることができるように、手伝ってくださるお方でもあるのです。

第二部

祈りの諸相

第一章　ひとりの祈り

最も親しく、近く、深く、緊密な交わり

「祈り」の本質が、三位一体の生ける神との、最も親しく、最も近く、最も深く、最も緊密な語らいであり、交わりであることを繰り返して確認してきました。

そのような交わりは、自ずから第三者の介在や侵入を許さない、きわめてプライベートなかたちをとるものです。特にその祈りが切実なもの、だれにも言えない秘めごと、心の深いところに抱えているものをさらけ出さざるを得ない祈りであればあるほど、「神と私」という関係が保証されている安心の中で祈ることができるでしょう。

しかしこのことは、神の御前での「祈りの空間」が、狭く閉じられたものであることを

意味するものではありません。主イエスはマタイの福音書六章六節でこう教えられました。

「あなたが祈るときは、家の奥の自分の部屋に入りなさい。そして戸を閉めて、隠れたところにおられるあなたの父に祈りなさい。そうすれば、隠れたところで見ておられるあなたの父が、あなたに報いてくださいます。」

ひとり、家の奥の自分の部屋に隠れるようにして身を置き、戸を閉めてささげる秘められた祈りは、物理的には確かに狭く閉ざされた空間です。しかし、何の妨げも制約もなく神の御前に進み出て、他人の目や耳を気にすることもなく、大きく祈りの翼を拡げて心にある思いをありのままに祈る時、それは最も親しく、近く、深く、緊密な交わりであるとともに、まったく自由で、開放的な、生ける神との語らいの時でもあるのです。

このような「ひとりの祈り」の世界の持つ緊密さと自由さをだれよりもご存じなのは、主イエス・キリストご自身でした。福音書を読むと主イエスの「ひとりの祈り」のお姿が繰り返し記されています。五千人の給食の出来事の後、マタイは「それからすぐに、イエスは弟子たちを舟に乗り込ませて、自分より先に向こう岸に向かわせ、その間に群衆を解散させられた。群衆を解散させてから、イエスは祈るために一人で山に登られた。夕方になっても一人でそこにおられた」（マタイ一四・二二〜二三）と記し、マルコは「イエスは弟子たちを無理やり舟に乗り込ませ、向こう岸のベツサイダに先に行かせて、その間に、ご自分は群衆を解散させておられた。そして彼らに別れを告げると、祈るために山に向かわれた」（マルコ六・四五〜四六）と記します。ルカも同じく群衆を解散させてから「さて、イエスが一人で祈っておられたとき」（ルカ九・一八）と記しています。

またルカは「イエスのうわさはますます広まり、大勢の群衆が話を聞くために、また病気を癒やしてもらうために集まって来た。だが、イエスご自身は寂しいところに退いて祈っておられた」（同五・一五〜一六）と、超多忙な中でも静まる時を取り分けて祈られた主イエスのお姿を記し、十二弟子を任命されるという大事な決断の前にも「イエスは祈るために山に行き、神に祈りながら夜を明かされた」（同六・一二）と記しています。

「ひとりでいること」、とりわけ「ひとりで祈ること」。これは私たちの信仰の営み、教会の営みにおいてきわめて重要なことです。このことを考えるにあたって最良の書物の一つが、ディートリヒ・ボンヘッファーの『共に生きる生活』（森野善右衛門訳、新教出版社、二〇一四年）でしょう。そこでは「ひとりでいる日」という章で、このように記されます。

「ひとりでいることのできない者は、交わりにはいることを用心しなさい。そのような人は、自分自身と交わりとをただ傷つけるだけである。神があなたを呼ばれたとき、あなたはただひとりで神の前に立った。あなたはひとりでその召しに従わなければならなかった。あなたはひとりで自分の十字架を負い、戦い、祈らねばならなかった。そしてあなたはひとりで死ぬだろうし、そのときにはひとりで神に弁明することになるだろう。あなたは自分自身から逃れることはできない。なぜなら、神ご自身があなたを選ばれたのだから。もしあなたがひとりでいることを望まないなら、それはあなたに対するキリストの召しを否定することであり、そうすればあなたは召された者たちの交わりとは何の関わりも持つことはできない。」（ハンディ版、一〇九頁）

一読すると大変厳しいことばに聞こえますが、しかし主にある交わりの本質を捉えた大切なことばです。しかも、この点は祈りにおいて特に重要になります。「祈るということは、みことばを自分のものとするために備えるということ以外の何ものでもない。しかもそれは、私の個人的な状況、私の特別な課題、諸々の決断、様々な罪と誘惑においてなのである。交わりの祈りにおいては決して入り得ないようなことでも、個人的な祈りにおいては、ここ〈個人的な祈り〉においては、神の前に沈黙のうちに打ち明けることが許されている」（一二二～一二三頁）とあるように、祈りの基本は「ひとりの祈り」にあるとさえ言えるのです。

神に向かう祈り――待ち、聴き、ぶつける

こうしてささげられる「ひとりの祈り」は、三位一体の神以外のだれからの助けも、とりなしも、支えもなく、同時にまったくだれかの存在を意識する必要のない「孤独の祈り」です。しかしここで大切なのは、「孤独の祈り」は「孤立した祈り」ではないということです。たったひとりで三位一体の神との最も親しく、近く、深く、緊密な語らいと交わりの中に身を置き、この神に向かって自らを「開く」祈りです。

「だれかに祈ってもらう」「だれかと一緒に祈る」ところに行く前に、まず「ひとり」で生ける神の御前に進み出て、御顔を慕い求め、御腕にしがみつくようにして祈らなければならない。私たちの信仰の生涯においても、必ず一度はこのような祈りの経験を通らされるはずです。創世記三二章に記される、ヤボクの渡しにおいて夜明けまで神の使いと格闘

したヤコブのように、私たちもまたひとりで神に向かう祈りの格闘をさせられるのです。そのような「ひとりで神に向かう祈り」には、いくつかの具体的な祈りの姿があるように思います。そのいくつかを詩篇にある祈りから取り上げてみましょう。

第一に、ひとりで神に向かう祈りは、「神を待つ」祈りの姿をとります。詩篇には「あなたこそ　私の救いの神／私は　あなたを一日中待ち望みます」（二五・五）、「待ち望め　主を。雄々しくあれ。心を強くせよ。待ち望め　主を」（二七・一四）、「主の前に静まり耐え忍んで主を待て」（三七・七）、「主よ　今　私は何を待ち望みましょう。私の望み　それはあなたです」（三九・七）などと繰り返し歌われます。

しかもこのような「神を待つ」祈りは、「わがたましいよ／なぜ　おまえはうなだれているのか。私のうちで思い乱れているのか。神を待ち望め。私はなおも神をほめたたえる。御顔の救いを」（四二・五、一一、四三・五参照）とあるように、しばしば孤独と困難と忍耐の中でささげられる祈りです。

しかしこのように、ひとりで神に向かいつつ、神ご自身を待つ祈りの中で、「私は切に主を待ち望んだ。主は私に耳を傾け／助けを求める叫びを聞いてくださった」（四〇・一）との答えを得た詩人と同じような経験を、私たちもまた味わうことが許されるのです。

第二に、ひとりで神に向かう祈りは「神に聴く」祈りの姿をとります。意外に思われるかもしれませんが、祈りにおいて「聴く」というのは大切な働きです。私たちはついつい前のめりになって自分のことばかりを祈り、願い、訴え続けてしまいやすいのですが、本来、祈りが神との「語らい」であり「交わり」であることを覚える時、こちら側から神に語りかける前に、まず神が私たちに語りかけてくださることを「待ち」、神の語りかけに「聴く」のです。

そこには祈りにおける沈黙があります。静まりがあります。詩篇がこう歌うとおりです。「私のたましいは黙って　ただ神を待ち望む。私の救いは神から来る」（六二・一）。「私のたましいよ　黙って　ただ神を待ち望め。私の望みは神から来るからだ」（同五節）。このように黙って神を待ち望み、黙って神に聴く祈りは、単なる受け身の祈りに終わることはありません。そこには受動性の中にある能動性があり、「神に聴く」という主体性のある祈りとなるのです。

「聞かせてください。主である神の仰せを。主は　御民に／主にある敬虔な人たちに平和を告げられます」（八五・八）、「朝にあなたの恵みを聞かせてください。私はあなたに信頼していますから。行くべき道を知らせてください。私のたましいはあなたを仰いでいますから」（一四三・八）とあるとおりです。

第三に、ひとりで神に向かう祈りは「神にぶつける」祈りの姿をとります。ひとりだからこそ、私たちは何の虚飾《きょしょく》もなく、他人の目を気にすることも、自分の心を偽ることもなく、ありのまま裸になって神の御前に出て、そこで自分自身をさらけ出し、剝《む》き出しにして、神に思いをぶつけることができる。ひとりだからこそ、自分の願い、嘆き、怒り、うめき、悲しみ、悔しさ、やりきれなさを神にぶつけることができる。だれかの前で、あるいはだれかに対して口にすることが憚《はばか》られるような、あるいはそれによって罪を犯す危険のあるような祈りさえ、神にぶつけることができる。そのような祈りこそ、三位一体の神との最も親しく、近く、深く、緊密な語らいとしての「ひとりの祈り」の真骨頂であると言えるでしょう。

詩篇においても「主よ　立ち上がってください」（三・七）、「私が呼ぶとき　答えてください」（四・一）、「神よ　彼らに責めを負わせてください」（五・一〇）などと祈られる数々の祈りのうち、その最たるものとして詩篇二二篇一節を思い起こします。

「わが神　わが神

どうして私をお見捨てになったのですか。
私を救わず　遠く離れておられるのですか。
わたしのうめきのことばにもかかわらず。」

御子イエス・キリストも十字架の上で御父にぶつけた祈りです。そのような祈りをぶつけることのできる神がおられることの幸いを覚えます。

自分を超え出る祈り

こうして「ひとりの祈り」をささげていくうちに、私たちはいつしか、「ひとりの祈り」の世界が大きく転換され、拡張されていくという経験をさせられていきます。「ひとりの祈り」は「孤独の祈り」ではあっても、他者との関係が断ち切られた「孤立の祈り」ではありません。まして「自分のための祈り」「自分のためだけの祈り」として閉じた世界に完結してしまうものでもないのです。

「ひとりの祈り」は「自分の内に留まる祈りから自分の外へと出て行く祈りへ」と大き

く転換され、「私個人の祈りから私たち全体への祈りへ」と拡張される。このような祈りにおける「転換と拡張」を、「自分を超え出る祈り」と表現することができるでしょう。ドイツの実践神学者であったルードルフ・ボーレンは、祈りについての優れた著書である『祈る　パウロとカルヴァンとともに』（川中子義勝訳、教文館、二〇一七年）の中で次のように指摘します。

「カルヴァンに従って祈りを学ぶとき、我々は魂への配慮の仕方を導く彼の学び舎に入り、個人的なことから全体のことへと転換してゆくことを教わる。」（一八九頁）

ここでの「個人的なことから全体のことへの転換」という表現が重要です。ひとりの祈りはただひとりの祈りのまま、個人的なことに留まり、そこで完結するものでなく、やがてそれが他者と「ともなる祈り」へ、個人的なことから全体のことへと転換され、拡張されていくのです。

さらにボーレンは同書の中で、クリスティアン・メラー編集による『魂への配慮の歴史』に収められたカルヴァン研究者ハンス・ショルの記述を紹介し、カルヴァンにおける祈りの広がりを指摘します。前述の『魂の配慮への歴史』の日本語訳全十二巻は加藤常昭先生によって訳出されていますので、そこからショルのことばを紹介します。

「（第二回ジュネーヴ時代の）カルヴァンは、牧師としての働きとの結びつきで、教会員も全世界の教会のためにとりなしの祈りの務めを果たすように、ますます強く望むようになった。カルヴァンの魂への配慮に生きる者としての働きの激しさは、言うまでもなく、説教と祈りによる礼拝を通じて、ひとりひとりが、自分自身の問題にかかずらうことから解き放たれ、全体に対する責任を負うようにされるようになる、ということに根ざすものであった。この年代に、カルヴァンの魂への配慮は政治的なものともなっていく。……カルヴァンのジュネーヴ復帰後間もなく、政治的内容を持つ祈禱のための集会が週日に行われるようになっている。」

（クリスティアン・メラー編『魂への配慮の歴史5　宗教改革期の牧会者たちⅠ』日本キリスト教団出版局、二〇〇一年、一三六頁）

以上のショルの考察を踏まえ、ボーレンは次のようにも言います。

「魂の配慮に関するカルヴァンの力点は、……個々人が、自分の問題への執着から解放され、全体の責任の内へと立たされることにあった。つまり、個人は、その私性から解放され、復活された方の肢体へと組み入れられるのである。」

（ボーレン、前掲書、一八九頁）

このように「ひとりの祈り」が転換され、拡張されていくならば、祈りはどこに行き着くのでしょうか。それは自分を超え出て、自分自身の問題への執着から解放され、全体のための責任を負い、他者のために開かれ、他者のために赴いていく「魂への配慮の祈り」、すなわち牧会的な祈り、とりなしの祈りへと転換されます。そうすることによってその祈りは「私性から解放され、復活された方の肢体へと組み入れられる」共同体のための祈り、キリストの身体なる教会のための祈り、ひいては神の造られたこの被造世界全体のための祈りへと拡張されていくことになるのです。

「祈りには、神の子らを動かし自らの信仰を外に向けて表すことを促していく外向的な性質がある。祈りは、神の子らが三位一体の神との交わりを豊かに深めることを助ける一方で、彼らを取り巻く世界に生きるさまざまな隣人を愛し、彼らに仕えるようにと導いて行くのである、そのようにして隣人のために祈ることは、神の御国の完成を願う祈りへと繋がり、そこには終末論的な視座も加えられていくのである」（齋藤、前掲書、五三八頁）

と言われるとおりです

第二章　ともなる祈り

「ひとりの祈り」から「ともなる祈り」へ

前章「ひとりの祈り」の締めくくりとして「自分を超え出る祈り」ということを申し上げました。「ひとりの祈り」は他者のために開かれ、他者のもとに赴いていく「魂の配慮」の祈り、とりなしの祈りへと転換され、自分を超え出て他者のための祈り、キリストの身体なる教会のための祈り、ひいては神の造られたこの被造世界全体のための祈りへと拡張されていくのです。

その時に私たちは、私が「他者のために」祈り、「他者のもとに赴く」祈りから、「他者とともに」祈り、「他者のもとに、他者とともに赴く」祈りへと変えられていくことを経験します。「ひとりの祈り」から「ともなる祈り」へと導かれていくのです。「ともなる祈り」の根拠とその必然性も、主イエス・キリストにあります。主イエスが教えてくださった「主の祈り」は、「私の父よ」でなく「私たちの父よ」と呼びかける祈りです。

「ともなる祈り」のかたちはさまざまであってよいでしょう。しかしここで意図するのは、複数の人がそれぞれ一人で祈ることではありません。ひとりの祈りが分かち合われ、ともなる祈りへと広げられていくイメージです。それはまた、単に祈る人の数が増えるということでなく、二人でも三人でも主イエスの御名によって集まり、どんなことでも「心を一つにして祈る」という祈りの集中でもあります。一つの祈りを皆が心を一つにして祈る。そこに祈りの交わりが生まれます。それが教会の姿です。

皆が時を同じく一つのところに集まって一つの祈りの課題を一斉に祈っていても、その祈りがお互いの存在を置き去りにした独りよがりな祈りであるなら、それは「ともなる祈り」とはならないでしょう。他方で、時と場所を異にする一人ひとりが、一つの祈りの課題を各自で個別に祈っていても、その祈りが他の兄弟姉妹たちと「心を一つにした」祈りであるなら、それは「ともなる祈り」であることに間違いありません。また顔を寄せ合ってお互いの祈りの課題を分かち合って祈っていても、その祈りが神に向かう以上に目の前の相手への過剰な気遣いや遠慮、時には度の過ぎた人間的な賛辞のような祈りになってしまえば、それも「ともなる祈り」とは言えないかもしれません。しかし、目の前の人を神の御前に立たせるように自分がその傍らに寄り添い、あるいは背中から支えることに徹して祈るなら、それは「ともなる祈り」であるでしょう。

古代教会の礼拝の伝統の中に「集禱《コレクト》」と呼ばれる祈りがありました。その名のとおり「集められた祈り」です。聖餐に与《あずか》る際に「司式者が会衆を祈りへと招き、会衆の神への思いを一つに集約することに由来する」（今橋朗・竹内謙太郎・越川弘英編『キリスト教礼拝・礼拝学事典』日本キリスト教団出版局、二〇〇六年、一六三頁）と説明されます。

ともに主の食卓である聖餐に与ることは教会の交わりの中心ですが、そのためには祈りにおいて一つに集められる必要がある。兄弟姉妹の互いの間に諍《いさか》いがあったり、敵対関係があったり、複雑な人間関係があったりしたとしても、ともに主の食卓に与るには、心一つにして「アーメン」と祈る者とされなければならない。そのために心を集める祈りが必要だったのでしょう。その意味では「ともなる祈り」は教会の交わりを確認させられる大事な契機とも言えるでしょう。

私たちの交わりのただ中に主イエス・キリストがともにおられることが「ともなる祈り」を可能にするのです。

ともに祈る交わりのために

「ともなる祈り」をさらに考えるにあたり、再びボンヘッファーの『共に生きる生活』のことばに聴きたいと思います。

「キリスト者が神の言葉の下で共に生きたいと願うところでは、彼らは自分自身の言葉で共に神に祈るべきであるし、また共に祈ることが許されている。……彼らは共同の願い、共同の感謝、共同のとりなしを、神の前に持って来るべきであり、喜んでまた確信をもってそれらのことをなすべきである。」（八五頁）

先にボンヘッファーが「ひとりでいる日」の重要性を指摘した箇所に触れましたが、『共に生きる生活』では、第一章で「交わり」、第二章で「共にいる日」が語られた後で、

第三章「ひとりでいる日」が記されます。つまり「共にいる日」が「ひとりでいる日」に先んじて論じられるのです。これは同書が、当時ボンヘッファーが若くして所長を務めていたフィンケンヴァルデの「牧師研修所」(Prediger Seminar)と「兄弟の家」(Bruderhaus)における、二十名ほどの牧師候補者たちとの共同生活の実践が下敷きになっているためです。

さて、それでは私たちが「ともに祈る交わり」を形成していくためには、どのようなことに心を留めるべきでしょうか。いくつかのことを覚えたいと思います。

第一に、ともに祈る交わりにおいて、祈り合っているお互いの祈りを「比べない」ということです。ボンヘッファーは言います。


「兄弟たちの共同の祈りが、あらゆる非陶酔性と単純さをもって、兄弟たちの中のひとりによって神の前に捧げられるところでは、互いへの恐れや、他人の前で自分自身の自由な言葉で祈ることの恥ずかしさは、すべてここで背後に退くことを許される。しかし同様に、拙い言葉であってもイエス・キリストの名によって祈りがなされるところでは、他人の祈りを観察したり批評したりする言葉はすべてここでは沈黙することを許されるし、また沈黙すべきである。」(八六頁)

私たちが「ひとりの祈り」を超え出て「ともに祈る」者となっていく時の一つのハードルは、「だれかが自分の祈りを聞いている」ことにあります。締め切った部屋に籠もってひとりで祈る時は何の気兼ねも気遣いもなく自由に祈ることができるのに、だれかの前で、またたれかとともに祈る時、相手がどんなに親しい友や教会の仲間たちであったとしても、そこには恐れや緊張が伴います。自分の祈りの貧しさが露呈するのではないか。他の信仰の先輩や仲間のようにふさわしいことばで祈れないのではないか。だれかが自分の祈りを評価するのではないか。そのような思いに支配されてしまうと、途端に「ともに祈る」ことは困難となります。

お祈りに「上手い、下手」はありません。またどんなに拙い祈りでも、祈りを重ねて行けばいつしか祈りのことばも豊かにされ、祈る人として成長させられていきます。ですから、お互いの祈りを比べない。私たちが心を一つにしてともに祈る祈りは「わたしもその中にいる」と言われる主イエスとともに、そしてその主イエスにあって互いがともにささげる祈りなのです。

第二に、ともに祈る交わりの中で、祈りのことばを「見つけ出す」ことです。ボンヘッファーは言います。

「共同の礼拝における自由祈禱は交わりの祈りであるべきであって、祈っている人の個人的な祈りではない。交わりを代表して祈ることが、その人に与えられた委託である。そこでその人は、交わりの毎日の生活を共に生きなければならない。交わりの心配事と困っていること、その喜びと感謝、その求めと希望とを知らなければならない。交わりの仕事のこと、またそれに伴うすべてのことは、交わりのために祈る人にとって、知らないでいたではすまされない。彼は、兄弟たちの中のひとりの兄弟として祈る。」　（八七頁）

ここで繰り返される「交わり」とは、要するに信仰の共同体、教会のことと言い換えてもよいものです。そこでともにささげる祈りが、個人の祈りでなく「交わりの祈り」「共同の祈り」であるならば、そこでの祈りのことばは祈り手の独りよがりなものでなく、その交わりに生きる人々全体の祈りであることが求められるでしょう。したがって、ともに祈る際には、そこで祈られるべき事柄、それを的確に祈ることばを「見つけ出す」ことが求められます。

そのようにして群れの中から祈るべき事柄を見つけ出し、それをその事柄に即したふさわしい祈りをもって祈る時、それが「とりなしの祈り」であり「牧会の祈り」となるのです。ボンヘッファーがこう言うとおりです。

「もし委託を受けている人に対して常に助言と助けとが交わりのメンバーたちから起こってくるならば、また彼があれこれの困り事、あれこれの仕事、あるいはまた特定の人を祈りの中で覚えてほしいという指示や願いを受けるようなら、それはよいことであろう。そのことによって祈りはますます全員の共同の祈りとなる。」

（八七～八八頁）

主日礼拝で牧師や役員によって「とりなしの祈り」が祈られる教会があるでしょう。その祈りはその群れの全体に心を配り、そこに生きる一人ひとりの魂への配慮の眼差しにおいて見つけ出されたことばによって紡がれる祈りです。特に牧師にとっては、それは説教における「聴衆の黙想」とも重なるまなざしです。また週日の祈禱会でさまざまな祈りの課題を分かち合い、祈ること。争いの止まない世界に主の平和がもたらされるように、虐げられている人々に解放が与えられるように、正義と公正と愛が実現するようにといった大きな祈りから、自分たちの生きる町、職場、家庭、愛する家族や友のために具体的に課題を見出し、覚えて祈る時、その「ともなる祈り」が交わりを建て上げていくのです。

第三に、ともに祈る交わりの中で、お互いの祈りのことばを「聴き合う」ことです。魂への配慮の眼差しにおいて見つけ出された祈り、それは世界のための祈りから身近な隣人のための祈りまでをも含むものですが、それらのために祈ることばに心を合わせて祈る時、私たちは祈りのことばを主の御前にあって互いに聴き合っています。自分とともに、自分に代わって、自分のために祈られる祈りとして、また相手とともに、相手に代わって、相手のために祈られる祈りとして、ともに祈りを聴き取り、聴き合うのです。これは先に述べた「祈りを比べる」ことや祈りに対する「観察」「批評」ではなく、新しい祈りのことばの発見と獲得にも繋がってきます。

私は高校一年生のクリスマスに洗礼を受けましたが、それから一緒に受洗した幼なじみとともに水曜の夜の祈禱会に参加するようになりました。そこで教会の皆さんとともに祈り、信仰の先輩たちの祈りのことばを聴くことで、「こういう事柄にふさわしい祈りのことばはこういう言い方なのだな」「こうした課題については、このように祈るのか」と祈りのことばを新しく見出し、教えられる経験を重ねてきました。

神学生時代も実習に通った教会ごとの「祈りの伝統」に触れ、それぞれの祈りに現れる教会の個性、祈りの表現の豊かさを聴き取ってきました。こうした経験を通して、牧師になってから「公同の祈りの中に必ず季節感を表すことばを込める」とか、「その日の持つ固有な意味を表現する」といった自分なりの祈りの決めごとを持つようになり、そうすると今度は自分が仕える教会の兄弟姉妹たちの中にも、それと通じ合うような祈りのことばが聞こえて来るという経験をしてきました。お互いの祈りを「聴き合う」ことが、群れ全体の祈りを豊かにしてくれる経験でした。

第四に、ともに祈る交わりの中で、互いの祈りを心から「アーメン」と言うことです。これは後にもあらためて取り上げることですが、ともなる祈りは最後に皆で「アーメン」と唱和することができてはじめて成立するといってもよいものでしょう。そのためには祈る者がことばを見つけ出し、心を合わせる者がことばを聴き合うという相互の関係が必要であり、とりわけ祈りを聴き届けてくださる主への信仰が必要です。

その意味でともに祈る祈りが「アーメン」と結ばれることは決して当然のことでなく、

それ自体が一つの重要な信仰の行為なのです。

教会の祈り

「ともに祈る交わり」が最も具体的にかたちをとる場は、やはり主イエス・キリストを頭《かしら》としたキリストの身体なる教会です。教会は祈りの集いであり、教会の本質を表現するならば、その一つは「祈る教会」となるでしょう。

新約聖書の「使徒の働き」には教会の祈りの姿が数多く登場します。使徒の働き二章には、ペンテコステ（聖霊降臨）の出来事をきっかけに誕生したエルサレム教会の姿が、こう表現されています。「彼らはいつも、使徒たちの教えを守り、交わりを持ち、パンを裂き、祈りをしていた」（二・四二）。

またその直後の三、四章では、ペテロとヨハネが「美しの門」にいた足の不自由だった人を癒やした結果、ユダヤ当局者たちに逮捕され、今後、主イエスの御名を伝えるなとの恫喝にも屈せず、「私たちは、自分たちが見たことや聞いたことを話さないわけにはいきません」（同四・二〇）と大胆に語り、さらなる脅迫を受けて釈放された後、二人がすぐに仲間たちのところに行って、起こった出来事の次第を報告したと記します（同二三節）。その時、この報告を聞いた人々は「心を一つにして、神に向かって声をあげた」（同二四節）とあり、「主よ。今、彼らの脅《おびや》かしをご覧になって、しもべたちにあなたのみことばを大胆に語らせてください。また、御手を伸ばし、あなたの聖なるしもべイエスの名によって、癒やしとしるしと不思議を行わせてください」（同二九～三〇節）と祈り、「彼らが祈り終えると、集まっていた場所が揺れ動き、一同は聖霊に満たされ、神のことばを大胆に語り出した」（同三一節）と記されます。まさに「祈る教会」の姿が証しされる出来事です。

さらに使徒の働きに記される二つの出来事に目を留めたいと思います。一つは使徒の働き一二章一節から一九節に記されるペテロ逮捕と、その不思議な救出劇の場面です。ヘロデ王による迫害によって十二弟子の一人ヤコブが剣に倒れ、さらにペテロも捕縛される。ところが獄中のペテロに不思議な神の介入があり、彼は牢獄から救出される。こうしてペテロが皆の集まるマリアの家に行って戸をたたくと、女中のロデが驚きのあまり門も開けず、ペテロをその場に残したまま人々のところに知らせに行き、それからようやく扉が開かれてペテロとの感激の再会を果たすという、感動的な中にもユーモラスな場面です。

そこで目を留めたいのが、夜を徹してペテロの解放を信じて祈り続けた教会の姿です。

「こうしてペテロは牢に閉じ込められていたが、教会は彼のために、熱心な祈りを神にささげていた。」（使徒一二・五）

このように教会はいつも祈り続けてきましたが、特に試練の時、困難の時にいっそう集中して祈ってきたのです。第二次大戦中のドイツで、ナチ政権に反対の意を表した告白教会の牧師たちの多くが逮捕、拘留され、中には獄死した牧師たちもいましたが、逮捕された牧師たちの解放を願う信徒たちが水曜日や土曜日、時には平日の夜に秘密の祈禱会を開いたという歴史もあります。

もう一つの箇所は、同じく使徒の働き一三章一節から三節です。

「さて、アンティオキアには、そこにある教会に、バルナバ、ニゲルと呼ばれるシメオン、クレネ人ルキオ、領主ヘロデの乳兄弟マナエン、サウロなどの預言者や教師がいた。彼らが主を礼拝し、断食していると、聖霊が『さあ、わたしのためにバルナバとサウロを聖別して、わたしが召した働きに就かせなさい』と言われた。そこで彼らは断食して祈り、二人の上に手を置いてから送り出した。」

ここは最初の異邦人教会であるアンティオキアの教会が、バルナバとサウロを伝道旅行に派遣する場面です。小アジア地方で福音を必要としている人々がいる。だれかが遣わされて行かなくてはならない。では、いったいだれが行くべきなのか。一人ひとりが主の御心を求めて祈る教会の姿、礼拝の姿が描き出されています。そしてその教会の祈りの中で、自ら名乗り出たのか周囲から推薦されたのかはわかりませんが、一同が聖霊の導きとして受け取ったのがバルナバとサウロの二人でした。

教会はこの決定に驚き、戸惑い、躊躇《ちゅうちょ》したのではないかと想像します。なぜならバルナバとサウロはアンティオキア教会の牧会者たちであり、今に置き換えれば教会の主任牧師と伝道師を一緒に世界宣教に送り出すようなものです。かつて日本から遣わされて奉仕した宣教師の方から「ある時、〇〇の国に宣教師が必要だというアピールを聞いた。それで『どうか主よ、働き人を起こしてください』と祈っていたら、『おまえが行け』と主から召されてしまった。まさか自分が行くことになるとは思ってもいなかった」というような証しをうかがったことがあります。

バルナバやサウロがそうであったかはわかりませんが、もしかすると彼ら自身も驚いたかもしれない。またアンティオキア教会のメンバーの中にも、「だれかが行かなければならない」という思いで祈っていたが、まさかこの二人を送り出すことになるとは、という思いを抱いた兄弟姉妹たちもいたかもしれません。

しかしバルナバもサウロも、そしてアンティオキア教会のメンバーたちも主の召しを受け取り、「彼らは断食して祈り、二人の上に手を置いてから送り出した」（同三節）のでした。ここに「教会の祈り」の重み、「アーメン」と祈った祈りの重みを覚えます。皆が心を一つに祈り、アーメンと唱和した教会の祈りは、その祈った答えに皆で従っていく信仰の姿勢を形作るようになる。「ともなる祈り」の持つ力、とりわけ「教会の祈り」の持つ力を覚えさせられるのです。

第三章　祈りと聴許《ちょうきょ》

聴き届けられる祈り

「祈り」について考える時、さまざまに思い巡らす問題がありますが、それらの中でも、軽率に扱うことが許されず、慎み深く、注意深く考えるべきもの、しかし信仰の営みを続け、祈り続ける中でどうしても避けて通れないもの、そして自分が当事者になれば、それは最も真剣な問いとなるものとして、「祈りと聴許」を巡る問題があります。

「聴許」とは、あまり聞き慣れないことばかもしれませんが、「祈りが聴き届けられる」ことを意味することばです。では、本当にすべての祈りは聴き届けられるのか。それとも聴き届けられない祈りもあるのか。私たちが現実に経験することとして、祈っていても答は自分の祈りが聴かれたとは到底思えない。願ったものとは違う結果がもたらされる。自分の祈りが聴かれたとは到底思えない。そのような事態をどう受けとめればよいのか。これは本書を執筆している私自身にとっても、自分の信仰の実存にかかわる最重要のテーマでもあるのです。

これまで学んできたことを踏まえつつ、聖書が語る祈りの教えをまとめてみれば、その基本的な理解ははっきりしています。マタイの福音書七章で主イエスは「求めなさい。そうすれば与えられます。探しなさい。そうすれば見出します。たたきなさい。そうすれば与えられます。」（七節）と教えられ、私たちが「求め続け」「探し続け」「たたき続け」ることをよしとされています。そのようにして祈った結果として、「そうすれば開かれます。だれでも、求める者は受け、探す者は見出し、たたく者には開かれます」（七〜八節）とお答えくださっています。

マルコの福音書一一章では弟子たちに向けて「神を信じなさい。まことに、あなたがたに言います。この山に向かい、『立ち上がって、海に入れ』と言い、心の中で疑わずに、自分の言ったとおりになると信じる者には、そのとおりになります。ですから、あなたがたに言います。あなたがたが祈り求めるものは何でも、すでに得たと信じなさい。そうすれば、そのとおりになります」（二二〜二四節）とも仰いました。驚くようなことばですが、しかしそれほどに祈りは確実に答えられると教えてくださったのです。

ルカの福音書一八章では、「いつでも祈るべきで、失望してはいけないことを教えるために」(一節)、「神を恐れず、人を人とも思わない裁判官」(二節)がひっきりなしに訴えに来るやもめへの対応に苦慮し、ついには「このやもめは、うるさくて仕方がないから、彼女のために裁判をしてやることにしよう。そうでないと、ひっきりなしにやって来て、私は疲れ果ててしまう」(五節)と、結果的にやもめの願いを受け入れるというたとえ話をもって、「不正な裁判官が言っていることを聞きなさい。まして神は、昼も夜も神に叫び求めている、選ばれた者たちのためにさばきを行わないで、いつまでも放っておかれることがあるでしょうか」(六～七節)と言われました。これは第一部の第二章「子としての祈り」に出てきた、あのマタイの福音書七章九節から一一節の「それならなおのこと、天におられるあなたがたの父は……」という、本来なら比較にならないものをあえて比較する主イエス独特の言い回しです。その本意は「神は、選ばれた者たちへのさばきをいつまでも放っておかれるようなお方ではない。絶対に!」ということです。

このように、主イエスが教えてくださった祈りの教えの大原則は、「祈りは聴き届けられる」ということです。しかも祈りが聴き届けられる根拠は、私たちの熱心、継続、反復のゆえでなく、祈りを聞かれるお方が私たちの「父」であるということでした。

またパウロ書簡でも、ローマ人への手紙一二章一二節では「望みを抱いて喜び、苦難に耐え、ひたすら祈りなさい」と勧められ、一五章三〇節では「私のために、私とともに力を尽くして、神に祈ってください」とリクエストしています。同様なことばは、エペソ人への手紙六章一八節から二〇節にも見られます。「あらゆる祈りと願いによって、どんなときにも御霊によって祈りなさい。そのために、目を覚ましていて、すべての聖徒のために、忍耐の限りを尽くして祈りなさい。また、私のためにも、私が口を開くときに語るべきことばが与えられて、福音の奥義を大胆に知らせることができるように、祈ってください。私はこの福音のために、鎖につながれながらも使節の務めを果たしています。宣べ伝える際、語るべきことを大胆に語れるように、祈ってください」と、ここでもパウロは教会の兄弟姉妹たちに祈るようにと勧めつつ、祈ってほしいと求めてもいるのです。

もう少し挙げてみましょう。ピリピ人への手紙四章六節では「何も思い煩わないで、あらゆる場合に、感謝をもってささげる祈りと願いによって、あなたがたの願い事を神に知っていただきなさい」、コロサイ人への手紙四章二節では「たゆみなく祈りなさい」、テサロニケ人への手紙第一、五章一七節では「絶えず祈りなさい」とあるとおりです。

またヤコブの手紙では、特に病人の癒やしを求める祈りについて、五章一五節で「信仰による祈りは、病んでいる人を救います」と述べ、一六節で「ですから、あなたがたが癒やされるために、互いに罪を言い表し、互いのために祈りなさい。正しい人の祈りは、働くと大きな力があります」と勧めています。初代教会は、主イエスの祈りの教えに従い、お互いに祈ることを励まし合い、勧め合い、そして実際に祈りを重ねてきたのでした。

しかしその一方で、祈りはただ無条件に聴き届けられるものでなく、何でも願えばそのとおりになるわけではない、というのも聖書が教える祈りの姿です。ヨハネの手紙第一、五章一四、一五節ではこう教えられます。

「何事でも神のみこころにしたがって願うなら、神は聞いてくださるということ、これこそ神に対して私たちが抱いている確信です。私たちが願うことは何でも神が聞いてくださると分かるなら、私たちは、神に願い求めたことをすでに手にしていると分かります。」

実に確信に満ちた確乎たる祈りの教えです。しかしここで「神のみこころにしたがって願うなら」という「留保」が付けられていることを見落としてはならないでしょう。

「ニネベに行け」と神から命じられたのに、その命令に反し、「主の御顔を避けてタルシシュへ逃れようとした」（ヨナ一・三）ヨナは、タルシシュ行きの船に乗り込み、やがて船は大嵐に巻き込まれ難破しそうになる。その嵐が自分のせいだと船長に告げるヨナは嵐の海に放り込まれる。主はそんなヨナのために大きな魚を備え、ヨナを呑み込ませ、彼はその魚の中で三日三晩、祈りの時を持たされたのです（同四〜一七節）。

神の命令に背く祈りが聞き入れられないのは当然ですし、聞かれないことを通して神が祈りを教えてくださることがある。神とのこのようなやりとりを通してでさえ、私たちは自分の祈りが吟味され、整えられていくという経験をさせられ、神のみこころへと近づけられていくのです。

みこころへの一致としての祈り

今一度、「祈りとは何か」ということを、『ウェストミンスター小教理問答』の第九八問によって確認しておきたいと思います。

問　祈りとは何ですか。

答　祈りとは、神の御心にかなうことを求めて、
キリストの御名により、
わたしたちの罪の告白と、神の憐れみへの心からの感謝と共に、
わたしたちの願いを神にささげることです。

ここでのポイントは、祈りが「神の御心にかなうことを求めて」ささげられるものだということです。別の日本語訳では「神の御意志に一致する事のために」となっています。原文では「for things agreeable to his will」となっていますが、「agreeable」は単に「適合する」「合致する」のみならず、そこに喜びや好ましさのニュアンスが含まれると言われます。つまり神のみこころに喜んで一致し、適合すること、それを好ましく思うことが表現されているのです。

このように祈りが聴き届けられるポイントは、「神のみこころへの適合・一致」にあります。神が私たちの祈りを聴いてくださるのは、機械的なことでも自動的なことでもなく、何かの法則や因果律によるものでもありません。何かの値を入れれば必ずある変換によっ

て期待される答えが導き出されるというものでもありません。また祈った回数、祈りのことばの長さに比例して、祈りの答えの確実性が向上するというものでもありません。そもそも祈りはきわめて人格的な交わりであって、聴いてくださるお方を無視した、一方的で利己的な、願い事リストの発注作業のようなものではありません。

三位一体の生ける神のみこころを求め、みこころにかなう祈りであることが決定的に重要なことなのです。しかも神の「みこころを求めること」は、神の主権と自由を認めることと切り離すことができない一体的なことです。神の働かれる余地、神の主権の動く空間をあらかじめ承認することは、私たちの信仰の大切な姿勢であり、それは私たちに神の御前での謙虚さを求めるものなのです。

聴き届けられない祈り

以上のことを踏まえた上で、「聴き届けられない祈りがあるのか」ということを考えてみたいと思いますが、このテーマを扱うに際して冒頭で申し上げたことをいま一度繰り返しておきます。すなわち、このテーマは軽率に扱うことが許されず、慎み深く、注意深く考えるべきものであり、しかし信仰の営みを続け、祈り続ける中でどうしても避けて通れない、そして自分が当事者になれば最も真剣な問いとなる、単なる理論として扱うことができないテーマであるということです。

なぜならそれは、時と場合によっては私たちの信仰を根底から揺さぶり、三位一体の生ける神と私たちとの祈りにおける豊かな交わりの関係に大きな危機をもたらしかねないものであるからです。

現実問題として、私たちが祈りの生活の中でしばしば経験する最大の危機は、「自分の祈りは神に聴き届けられていないのではないか」ということでしょう。一所懸命に信じて祈っているのに、なかなかその答えが与えられない。長い時間をかけて祈り続けていても、いっこうに解決の道が開かれない。神に真剣に問い続けているのに、神に気づかれていないか、放置されているか、後回しにされているか、もしかしたら無視されているのではないかとすら思ってしまう。このような状態が続くにつれて、私たちの中に疑いが生まれ、迷いが起こり、やがて祈る気力が萎え、ついには信仰そのものが揺さぶられ、神との関係に亀裂が生まれてしまうことすらあるのです。

そこでまず、私たちの祈りが神に聴き届けられていないと感じる時、その原因として考えられるものをいくつか整理しておきたいと思います。

第一に、まだその答えが出るに至っていないという「時」の問題があるでしょう。神は永遠・不変・無限のお方ですから、時間を超越しておられます。しかし、私たちは有限な存在で、時間の中を生きていますから、「永遠」の神と「時」の中を生きる私たちとの間で、「時の尺度」が合わないということはしばしば起こりえます。「いつまで待てばいいのか」「いつになったら答えが出るのか」「もっと早く答えてほしい」、このような「時」に縛られたゆえの焦りや疑い、不信が私たちの祈り心を苛《さいな》むことが多いのです。

この場合に聖書が教える大切な信仰の態度が「忍耐して待つ」ということでしょう。言うほど簡単なことではありませんが、パウロがローマ人への手紙五章三節から五節で「苦難が忍耐を生み出し、忍耐が練られた品性を生み出し、練られた品性が希望を生み出すと、私たちは知っているからです。この希望は失望に終わることがありません。なぜなら、私たちに与えられた聖霊によって、神の愛が私たちの心に注がれているからです」と語った教えは重要でしょう。

第二に、すでに祈りは聴き届けられているのに自分がそれに気づかないという、信仰の「感度」の問題があります。すでに主は答えてくださっているのに、主の語りかけを聴き逃してしまっている、あるいはそれが答えだと気づかないということがある。自分で祈っていながら、その答えを神がどのような仕方で示してくださるかをキャッチするための信仰の「感度」が鈍っている。「帯域」がずれている。「波長」が合っていない。もしくは信仰の「アンテナ」そのものが立っていないということもありえます。

祈りは確かに聴かれる。これは祈りの教えの大原則ですが、だからといって「祈りっぱなし」でよい、漫然とした、弛緩した信仰の姿でよいということではないでしょう。むしろ祈ったからには、こちらも信仰の感度を上げて、注意深く、主のかすかな細い語りかけを、耳をそばだてるようにして聴き取る態度が求められます。

バアルの預言者たちとの信仰の戦いを終えて体も魂も疲労困憊し、自らの死を願うほどの状況に陥ったエリヤに、主がご自身を示された時の光景を思い起こしましょう。旧約聖書の列王記第一、一九章一一、一二節です。

「主の前で激しい大風が山々を裂き、岩々を砕いた。しかし、風の中に主はおられなかった。風の後に地震が起こったが、地震の中にも主はおられなかった。地震の後に火があったが、火の中にも主はおられなかった。しかし火の後に、かすかな細い声があった。」

こうして彼は「エリヤよ、ここで何をしているのか」との主の御声を聴くことになったのです。

主のかすかな細い声を聴き逃さず、それを聴き取るためには、日々の主とのみことばと祈りを通しての交わり、「静思の時」が欠かせません。また主の日の礼拝において真剣に、みことばの説き明かしである説教に聴くことも重要です。それらのことを怠ったままで、「祈っても答えが与えられない」というのは不合理な訴えでしょう。まずは信仰の感度を日々チェックしておきたいと思います。

その上で、神はすでに答えてくださっているのにそれに気づかないという状態には、実は気づいていても、それを自分が答えとして認められない、受け入れられない、ということもありえます。主からの答えは私の願いとは違う。私が欲しい答えはそれではない。そして差し出されている答えから目をそらし、耳を閉ざしたまま、「主よ、なぜ聴いてくださらないのですか？　答えてくださらないのですか？」と問い続けているということがあるのです。

これは単に祈りのテーマに留まらず、信仰の本質とも関わるテーマです。神に「みこころを教えてください、みこころを示してください」と求める祈りには、「教えられたみこころに、示されたみこころに、従順に従うことのできる信仰をお与えください」という祈りがセットになっていることが必要なのです。

第三に、祈りにおける「留保」を見落とすという問題があります。先に挙げたヨハネの手紙第一、五章一四節の「何事でも神のみこころにしたがって願うなら」という、祈りにおける「留保」を見落とし、省みることなく、神のみこころに反することを願う。そのような祈りにおける「誤り」に気づくことが必要でしょう。

「わたしに向かって『主よ、主よ』と言う者がみな天の御国に入るのではなく、天におられるわたしの父のみこころを行う者が入るのです」（マタイ七・二一）と言われた主イエスのおことばを、よくよく思い起こしたいと思います。

第四に、これとの関連で、私たちが「祈りが聴かれない」と思う時、実は祈りが聴かれていないのではなく、祈りが聴かれた結果、退けられる、あるいは「聴かれない」という仕方で「聴かれる」ということがあるのです。

自己中心な祈り、怠惰に甘えた祈り、悪しきことを願う祈りなどは、神が聴いた上で退けられるのは当然のことです。「勉強はしませんが、テストは一〇〇点をとらせてください」「働きたくありませんが、お金には事欠かないようにお願いします」「これから悪事を働きますが、ばれずに事が運ぶようにしてください」などと祈れば、むしろ主はそれにストップをかけられたり、隠れたことを明るみに出されたり、それによって裁きと報いを与えられることもあるのです。

ともかく、自分の祈りが神に聴き届けられていないと思う時、その原因を自分の外に探すことや、祈りを聴いてくださるはずの神の側に探す前に、まず私自身の祈りを省みたいと思います。そして自分の祈りは独りよがりになってはいないか、自分の求める答えだけを先に決めつけてしまっている祈りになっていないか、あたかも神と対等であるかのように錯覚した祈り、権利要求のような祈り、自分の願いの枠の中でしか聴こうとしない祈りになっていないかを、謙虚に振り返る者でありたいと思います。

「非聴許」における「聴許」

その上でさらに考えたいのが、「非聴許における聴許」ということです。世界の歴史上、神に聴き届けられなかった祈りの最たるものは、すでに取り上げたゲツセマネの園での主イエスの祈りでしょう。

「わが父よ、できることなら、この杯《さかずき》をわたしから過ぎ去らせてください。しかし、わたしが望むようにではなく、あなたが望まれるままに、なさってください。」

（マタイ二六・三九）

ここで「杯」がこの後に起こる十字架の受難を指すのは明らかです。そして、ここでは一方で主イエスの願われた「この杯をわたしから過ぎ去らせてください」との祈りは聴き届けられず、他方で「わたしの望むようにではなく、あなたが望まれるままに、なさってください」との祈りは聴き届けられました。ここにはある種の対立と緊張があり、しかもそれを越えた祈りの地平が開かれていると指摘されます（嶺重淑「新約聖書における祈りその聴許の可能性をめぐって」『関西学院大学基督教と文化研究』七号、二〇〇六年）。

もう一つ、聴き届けられなかった祈りとして覚えられるのは、使徒パウロの祈りです。コリント人への手紙第二、一二章七節から九節で、パウロはこう記しました。

「私は肉体に一つのとげを与えられました。それは私が高慢にならないように、私を打つためのサタンの使いです。この使いについて、私から去らせてくださるようにと、私は三度、主に願いました。しかし主は、『わたしの恵みはあなたに十分である。わたしの力は弱さのうちに完全に現れるからである』と言われました。ですから私は、キリストの力が私をおおうために、むしろ大いに喜んで私の弱さを誇りましょう。」

ここでパウロが取り去ってくださるようにと祈り願った「肉体の一つのとげ」が何を指すのかは諸説あるようですが、とにかく三度も主に願ったのにその祈りは聴き届けられず、しかし「わたしの恵みはあなたに十分である」との主イエスのことばのゆえに、パウロの祈り願った以上のものとして、「キリストの力」におおわれるという仕方で彼の祈りは聴き届けられたのです。

新約学者オスカー・クルマンはこのことについて「確かに祈りは聞かれなかったが、聞かれたということ、したがってやはりキリストの現臨による聴許が、非聴許において起こった」（『新約聖書における祈り』教文館、一九九九年、一六〇頁）と指摘します。「聴き届けられなかった祈り」の中で、生けるキリストご自身の臨在そのものが、「聴き届けられる祈り」となったのです。このような祈りの姿は、三位一体の生ける神と私たちとの祈りの交わりにおける、最も深く緊密な姿と言ってよいでしょう。

日本を代表するキリスト者、内村鑑三が『聴かれざる祈禱』という書物の中で次のように述べています。

「依って知る、祈禱の聴かれないのもまた決して悪いことではないことを。然り、祈禱の聴かれないことがその真に聴かれたことである。神が人にくだしたもう最大の恩賜《たまもの》は神ご自身である。彼を識《し》ることが永生（かぎりなきいのち）である。造り主は被造物より貴くある。宇宙とその内にある万物を得るとも、もし神をわがものとすることができないならば、我らは真に貧しき者である。而《しこう》して神はつねにその最大の恩賜をその子に与えんとなしたまいつつあるのである。而してこの恩賜は苦痛とともに与えられつつあるのである。而して信者の最大の苦痛は、聴かれざる祈禱である。而してよくこの苦痛に堪え得る者に、神はご自身なる、彼の最大の恩賜をくだしたもうのである。神の愛のこの秘訣を知って、我らは我らに聴かれざる希求のつねに存するを知って感謝するのである。満たされざる希望が、神に達するの途である。」

（『聴かれざる祈禱』教文館、一九五八年、八五頁以下）

何度も味わい、ゆっくり反芻《はんすう》したい含蓄あることばです。祈りの真髄は「神をわがものとする」ことにあり、この生ける神との交わりにあると言えるでしょう。

「祈りと聴許」を超えて

「祈りと聴許」を巡る議論の締めくくりに、自分自身の経験をお分かちすることをお許しください。本章冒頭で、「祈りと聴許」を巡って次のように記しました。「本当にすべての祈りは聴き届けられるのか。それとも聴き届けられない祈りもあるのか。現実に私たちが経験することとして、祈っていても答えが与えられない。願ったものとは違う結果がもたらされる。自分の祈りが聴かれたとは到底思えない。そのような事態をどう受けとめればよいのか。これは本書を執筆している私自身にとっても、自分の信仰の実存にかかわる最重要のテーマでもある」と。

実は私自身の中に「あれほど一所懸命に祈ったのに、どうして神は聴き届けてくださらなかったのか」という問いが四十年近く、ずっと留まり続けていました。そしてそれは「問い」のかたちに留まらず、どこかで「どれほど祈っても、神はそのとおりには答えてくださらないことがある」「神は愛なるお方だけれど、時々、とてつもなく冷たいお方になる」という、諦めのような、醒《さ》めたような、不信仰とさえ言われかねないような、何とも表現しがたい感情を抱えてきました。

そのような感情を抱くようになったきっかけは、はっきりしていました。高校一年生、十六歳の冬の父との死別の経験でした。それからもう四十年が経過し、父の生きた人生よりもすでに長く生き、父の伝道者生涯よりもすでに長く奉仕をし、それなりにさまざまな経験を積み重ねて今に至っているのですが、それでも、あの十六歳の時に抱いた感情を拭い切れないまま、あるいはそれが自分の心に絡みつくようにして、これまでの人生を歩んできました。

神は祈りを聴き届けてくださらなかった。この経験が自分自身の「祈り」の奥底に厳然として横たわっているのです。この間、ずっとこのことを考え続けてきたわけではありません。けれども、大事な祈りの課題、ここ一番の祈りの課題を祈ろうとする時にかぎって、ふと心の深いところから湧き上がってくるのです。「でも、神さまが聴いてくださるとはかぎらないよな」と。

そのような感情とどこかでキチンと向き合う必要があるということも、薄々感じてはいました。いつまでもこの気持ちを引きずっているわけにはいかない。どこかで整理をつけて自分自身が解放される必要がある。しかし、それはどのようにしたらよいのか。自分で自覚的に取り組むことなのか、それとも何かをきっかけに始まることなのか、そのあたりはよくわかっていませんでした。そんな自分にとって一つの大きなきっかけとなったのが、すでに言及した「三・一一」の出来事でした。

その時の思いをはじめて公然と吐露したのが、拙著『〈あの日〉以後を生きる　走りつつ、悩みつつ、祈りつつ』（いのちのことば社）の最終章「それでもなお希望をもって」という文章でした。少し長くなりますが、以下に引用します。

「自分で自分の心を覗き込んだ時に、あらためて向き合わされた自分の心に驚いた。

僕の中にあったのは『怒り』の感情だったのだ。

それは震災後に何も変わらない社会への怒り、正しいと思えることがまかり通らないこの国の姿への怒り、少数者の声がかき消されていくこの世への怒りだと思った。けれども、この怒りの感情をたどっていくと、行き着いたのは『神への怒り』だった。

神よ、どうしてこのようなことを許されるのですか。どうして僕たちの祈りを聴いてくださらないのですか。これほど祈っても答えてくれないのはなぜですか。そんな神への怒りの感情が僕を突き動かしていたことに気づいたのだ。

この気づきは僕の内側をさらに揺さぶり、長い間閉じ込めていた感情を引き起こすことにもなった。それは、僕の一つの経験と結びついている。

僕は十六歳の冬に、牧師であった父を亡くした。当時、父は四十八歳。……四人兄弟の末っ子の妹はその当時、十四歳。後で知ったことだが、父の病床の日記には、『真理（妹）が高校を卒業するまで五年のいのちをください』との祈りの言葉が記されていた。そんな父の願いは受け入れられず、また家族や教会、多くの方々の祈りも聞き入れられず、父は召されていった。

その時も、またそれから後になっても、自分としてはこの出来事を『主のみこころ』と受容したつもりでいたのだが、しかしやはり心の奥底では、『神さま、なぜあんなに一生懸命に祈ったのに、父を取られたのですか。どうして僕たちの祈りを聞いてくださらなかったのですか』、そんな思いがずっと横たわっていたのだ。『なぜ』と問うてもわからないことがある。どれだけ神に答えを求めても、すぐにはわからないことがある。切に願っても、願ったとおりにならないことがある。それでは神はいないというのか。問うても答えてくれない神ならば、そもそも問うこと自体が意味のないことなのか。答えてくれない神は、沈黙の神、不在の神、死せる神なのか。

このように自分の心と向き合ってみて、そこで自分を動かしているものが『怒り』であるという思いに行き着いた時、僕はそこから翻って、あの震災後に心に決めた『「なぜ」でなく「いかに」』に生きるという地平に立つように導かれてきたのだと思った。『なぜ』の問いをそのままぶつけることのできる生ける神、生ける父なる神がおられる。その生ける神の御前で、『なぜ』の問いを抱きながらでも、生きることができることを学んだのだ。

それならば、もう怒りの力によって生きる必要はない。『なぜ』の問いをそのまま神に委ねて、とにかく今、目の前に生きる人々とともに『いかに』生きていくのか。そのことに集中しながら生きていきたい。そう思えた時から、僕の心は解き放たれた。

今はわからないことがたくさんあり、悩むこともたくさんあり、答えの出ないような問いが次々と積み上げられていく。怒りを感じることも相変わらずあり、やりきれなさや無力感や敗北感に打ちひしがれる日々だ。

しかし、生ける神がおられる。御子イエス・キリストの父であり、僕たちの父である神がおられる。それゆえに、僕たちには希望がある。絶望の闇がどれほど濃く地を覆い、光を遮ったとしても、『それでもなお希望をもって』生きることのできる地平が、たしかに僕たちの前には開かれているのだ。」

（八八～九〇頁）

これが、今の私自身の思いです。そして「祈り」が三位一体の生ける神との豊かな語らいであり、交わりであると信じることは、祈りの答えは私たちの思いをはるかに超えたところからもたらされると信じることでもある、と受けとめられるようになりました。

もっと言えば、この生ける神との交わりに生きる時には、「聴許」の問題はもはや祈りの焦点ではなくなる、とさえ言えるのです。贖いの仲保者なる御子によって今や神の子とされた私たちは、それゆえに苦しみの中でもともにうめいてくださる聖霊にとりなされ、「アバ、父よ」と呼ぶことができる。この父なる神が私とともにいてくださるということが、何よりの祈りの答えである。ここに「祈りと聴許」を超えた、三位一体の神、私たちを愛してやまない神との真実な交わりがあるのです。

このように考えてみると、すでに幾度も触れたことですが、祈りの真髄は、私たちが父なる神の子とされているという恵み、そしてそれゆえに御父に信頼してうめきも叫びも、納得のいかないこともすべて打ち明けられる交わりにあると言えるのでしょう。

第四章　祈りの力

「祈りの力」とは

「祈りの力」と聞くと、「祈りによって不可能と思えたことが可能となった」「祈りが聞かれて想像以上の結果がもたらされた」「祈りの力としか言いようのないことが起こった」という証しや、そうした答えが与えられるために、どのような祈りが、どれほどにささげられたかという経験談を想像されるかもしれません。

たしかに私たちは、生きて働く「祈りの力」を日毎に経験しています。ともすると見過ごしてしまうような出来事の中にも祈りの力が確かに働いていることに気づかされることがあり、また「ここぞ」という時の集中した祈りによって大きな励ましやその結実を得ることがあります。そして「聴き届けられていない」と思うような祈りでさえ、実際にはその只中《ただなか》にあって祈りの力が大きく働いていることを教えられるのです。

もとより、私たちが毎日の食事を与えられるのも、「日毎の糧を今日も与えたまえ」との願いに対する祈りの力の表れであり、私たちの人生に起こる小さな出来事も、大きな出来事も、「御心の天になるごとく地にも」との祈りの力の実現と言えるでしょう。

中には「私には特別の祈りの力があります」という自覚を持っている方があるかもしれません。聖霊の賜物と結びついて「癒やしの賜物」「預言の賜物」といった形で特別な祈りが強調されることもあります。初代教会にもこのような聖霊の賜物、祈りの賜物を与えられた人々がいたことが記されていますが、その一方でコリント教会などではそれらを巡って教会の中に混乱が生じ、パウロが懇切な手紙による牧会、指導をしたことがわかります。要するに「特別な祈りの力」と言われるような事柄については、細心の注意と配慮、時には抑制も必要だということでしょう。

聖書の世界やその周辺世界のみならず、古くから人々の共同体の中には「祈禱師」と呼ばれる人がいて、その人のところに行って特別に祈ってもらうと、たちどころに病気が癒やされた、怪我が治った、日照り続きの中で雨が降った、川の氾濫が留められた、たくさんの収穫を得て豊作の年になった、災害が起こらなくなったといった類いのことが行われてきました。彼らは時に病の治癒者であったり、悩みを聴き悲嘆をともにするカウンセラーであったり、自然界に力を及ぼす奇跡行者であったり、共同体の安定のための精神的支柱であったりする、貴重な存在だったのでしょう。

しかし旧約聖書を読めば、主の霊によって語ったり力ある業を行ったりした「預言者」を別として、「霊媒《れいばい》」や「口寄せ」、死者と語る行為などは禁じられていました。そこには生けるまことの神を無視して、神ならぬものを神とする「偶像礼拝」の危険が絶えずともなっていたことへの警告が込められています。

要するに「祈りの力」と言う時、それは「祈り」という行為そのものに帯びる力、「祈る」という動作が発する力ではなく、私たちの祈りを聴いておられ、その祈りに最もふさわしい仕方で答えてくださる生ける神ご自身の力に与ることであり、その神のみこころの確かな力に信頼することであると言えるでしょう。それこそが祈りの力の内実であることを確認したいと思います。

このことは、父なる神の摂理の御業とも深く関係するものです。父なる神はこの世界をお造りになった創造の神ですが、その造られた世界を今も生ける確かな御手をもって、私たちにとっての善きみこころをもって統べ治めておられる「摂理の神」なのです。「摂理」は私たちの祈りを排除するものではありません。たしかに神はすべての事柄に対して確かなみこころをお持ちですから、神にとって「偶然」や「想定外」はないのですが、だからといって「全部決まっているのだから、祈っても無駄だ」ということにはならない。これはすでに私たちが本書で学んできたことです。なぜなら祈りの本質は「三位一体の神との豊かな語らい、交わり」なのですから。

このことを、最も美しいことばで表現したと言われる『ハイデルベルク信仰問答』の第二七問、第二八問で味わっておきたいと思います。

第二七問　神の摂理について、あなたは何を理解していますか。

答　全能かつ現実の（別訳では「今、働く」）神の力です。

それによって神は天と地のすべての被造物を、

いわばその御手をもって

今なお保ちまた支配しておられるので、

木の葉も草も、雨もひでりも、豊作の年も不作の年も、

食べ物も飲み物も、健康も病も、富も貧困も、
すべてが偶然によることなく、
父親らしい御手によって
わたしたちにもたらされるのです。

第二八問　神の創造と摂理を知ることによって、
わたしたちはどのような益を受けますか。

答　わたしたちが逆境においては忍耐強く、
順境においては感謝し、
将来についてては
わたしたちの真実な父なる神をかたく信じ、
どんな被造物も
この方の愛からわたしたちを引き離すことはできないと
確信できるようになる、ということです。
なぜなら、あらゆる被造物はこの方の御手の中にあるので、

御心によらないでは
動くことも動かされることもできないからです。

祈りによる確認

「祈りの力とは、三位一体の生ける神ご自身の力に与ることであり、その神のみこころの確かな力に信頼することである」との理解に立った上で、ではその力は、祈る私たちにどのように作用するのでしょうか。これを「祈りによる確認」「祈りによる結合」「祈りによる変容」「祈りによる待望」の四つのポイントでまとめておきたいと思います。

第一に「祈りによる確認」です。これまで学んできたように、私たちの祈りは、三位一体の第一位格である御父に向かって、第二位格である御子、贖いの仲保者なる主イエス・キリストのゆえに、「アバ、父よ」と叫ぶ御子の御霊をいただいている「神の子ども」としての祈りです。それゆえに、私たちが祈りの力をまず第一に経験するのは、私たちが「父なる神よ」「天のお父さま」と祈りの中で親しく呼ぶたびに、かつては罪の奴隷であり、罪の中に死んでいた私たちが、御子イエス・キリストの贖いによって罪赦され、義とされ、聖とされ、神の子（神の養子）とされたゆえに、聖霊により長子なる御子にあって、御子イエス・キリストの父なる神を、今や「アバ、父よ。私たちの父よ」と呼ぶことが許されているという驚くべき救いの出来事です。そのことを、祈りによって確認しているのです。

先に紹介したハイデルベルク信仰問答第二八問で、神の摂理が、今、現実に働く神の力であり、しかもそれが「父親らしい御手によってわたしたちにもたらされる」と学びました。この事実を「祈りによる確認」を通して繰り返し確かめることを通して、私たちは神の子どもとして素直に、その懐に飛び込むように大胆に、そして何の遠慮もなく率直に、父なる神に祈ることが許されており、またそう祈るべきであることを教えられ、祈る勇気が与えられ、祈る力が与えられるのです。

その時に、全知全能にして天地万物の創造者なる神が私たちの父でいてくださるゆえに、私たちの小さな信仰から出てくる、貧しい感謝、稚拙な願い、たどたどしい賛美、心許ない「アーメン」で結ばれる祈りであっても、御父はその祈りを決して聴き逃すことなく、地に捨て置くことなく、まして右から左へと素通りさせるようなこともせず、確かに聴き上げ、聴き届けていてくださることを確認することができるのです。

こうして私たちは、私たちの「神の子としての祈り」を聞いてくださる御父が、ご自身の支配し導かれる時の中で、すべてのことを時にかなって美しく取り計らい、時には祈ったとおりの仕方で、時には祈ったこととは違った仕方で、そして時には祈ったことを超えた仕方で、私たちに答えてくださることを確認することができる。私たちはこれらの祈りの交わりを通して、自らが神の子とされている恵みを経験し、祈りの力を経験するのです。

祈りによる「キリストとの結合」

さらに言えば、私たちが祈りの力を経験するのは、私たちが神の子どもとして御父に祈ることによって御子イエス・キリストと結び合わされ、その結びつきがいよいよ固く確にされていく「祈りによる結合」によってです。キリスト教信仰をその教えの順序や秩序によって整理したものを「教理」と言い、それらを体系化し、教会の教えとして学ぶために学問的に整えたものを「組織神学」（Systematic Theology）あるいは「教義学」（Dogmatics）と呼びます。そこでは神の救いへの選び、聖霊による救いへの召し、キリストの救いの御業としての義認、聖化、栄化、子とすること、終わりまでの堅忍《けんにん》などが扱われますが、それらを包括するものとして「キリストとの結合」（unio cum Christo, Union with Christ）、または「キリストとの神秘的結合」（unio mystica cum Christo, Mystical Union with Christ）の教理が注目されています。

「キリストとの結合」は、先に述べたように私たちの救いの「全体」に関わるものであり、それゆえにまた独特な性格を持っています。この点を、神戸改革派神学校元校長で教義学者の牧《まき》田《た》吉和《よしかず》先生のまとめによって整理しておきましょう（牧田吉和『改革派教義学五　救済論』一麦出版社、二〇一六年）。

「キリストとの結合の特質は、第一に『霊的な結合』（a spiritual union）であるということである。……ここで言う〝霊的〟とは、キリストとの絆が聖霊によること、すなわち聖霊によるキリストとの結合を意味している。」（六〇頁）

「第二の特質は、聖霊によるキリストとの結合は『有機的結合』（an organic union）であるということである。この結合においてキリストと信者とは一つの体をなし、したがってその結合関係は有機的な性格を帯びている。」（同頁）

「第三の特質は、この結合は『生命的結合』（a vital union）であるということである。

キリストの命が信者の中に内住し、信者の内で生きて働くのである。……その結果、信者の内に『キリストがあなたがたの内に形づくられる』（ガラテヤ四・一九）のである。」（同頁）

「第四の特質は、この結合は『相互的行為を含む結合』（a union that imlies reciprocal action）であるということである。キリストは主権的行為として聖霊によってご自分に信者を結びつけるのであるが、同時にキリストに結合された肢体としての信者は聖霊の働きのもとで信仰の行為においてキリストに結びつき、その結びつきの中にあり続ける。……キリストがわれわれのうちに住むと同時にわれわれがキリストのうちに住む、とも表現できる。これは、聖霊の働きの『神律的相互性』を考慮するならば、容易に理解できることである。」（六〇～六一頁）

「第五の特質は、この結合は『神秘的結合』（a mystical union）であるということである。……この場合の『〝神秘的〟結合』は、聖霊によるキリストとの結合のもつ霊的性質との関係で理解されるべきであろう。いかなる被造物も中間的に介在しない、聖霊という〝霊〟を媒介とする結合としての〝神秘性〟を意味していると解すべきである。」（六一頁）

以上のような教理的な整理を踏まえた上で、ここでは祈りによる「キリストとの結合」に集中して考えてみましょう。私たちの祈りが、より熱心に、より切実に、より純粋に、そしてより集中してささげられるのは、往々にして自らが大きな試練や苦難の中に身を置いている時、あるいはそのような中にいる者を身近に持つ時ではないでしょうか。

当然のことながら、試練や苦難の経験は私たちにとって喜ばしいものでなく、一刻も早く過ぎ去ってほしい、速やかに解決してほしい、できるだけ残さず取り除かれてほしいと願うものです。神の摂理を信じ、神のみこころに信頼する者であっても、祈りのことばとして紡ぎ出される最初のものは、そのような願いであるでしょうし、そうであって当然のことと思います。しかし信仰の経験ということからすれば、このような機会は「祈りによる『キリストとの結合』」の時でもあるのです。

試練や苦難の中でささげられる切なる祈りによって、私たちは神の子どもとして御子イエス・キリストと深く結び合わされる経験をします。それはまさに「神秘的結合」（Mystical Union）と呼ぶほかにないような経験です。

私たちが結び合わされるイエス・キリストは、「蔑《さげす》まれ、人々からのけ者にされ、悲しみの人で、病を知っていた。人が顔を背けるほど蔑まれ、私たちも彼を尊ばなかった。まことに、彼は私たちの病を負い、私たちの痛みを担った」（イザヤ五三・三〜四）と預言者が語った「苦難のしもべ」なるお方であり、人としてのすべての悲しみ、飢え、孤独、辱め、憤り、疲れ、空腹、涙を経験され、「罪は犯しませんでしたが、すべての点において、私たちと同じように試みにあわれた」（ヘブル四・一五）お方であり、ただお一人、十字架の上で神の裁きとしての「まことの死」を経験されたお方です。私たちは祈りにおいて、このキリストとの結合を経験し、その結合を通して御子の父であり、私たちの父である神との濃密で純粋な交わりへと招き入れられるのです。ここに「祈りの力」の奥義があると言えるでしょう。

このような「苦難における神との関係」について、東京神学大学前学長で教義学者の芳《は》賀《が》力《つとむ》先生が『神学の小径V　成就への問い』（キリスト新聞社、二〇二三年）において、「苦難は神関係を純化し、救済への問いを目覚めさせる」（二二頁）、「苦難は神関係を濃密化し、御子と聖霊を通して義認と聖化に与らせる」（二四頁）と述べています。短い表現ですが、含蓄の込められたことばです。

神と私たちの関係は、試練や苦難の只中でくずおれるように膝をつき、床に頭を擦り付けるようにして必死に祈る時、私たちの信仰に含まれる打算的なもの、不純なもの、野卑なものが取り除かれて、神とまっすぐに向き合う「純化」されたものへと変えられていきます。「試練で試されたあなたがたの信仰は、火で精錬されてもなお朽ちていく金よりも高価であり、イエス・キリストが現れるとき、称賛と栄光と誉れをもたらします」（Ⅰペテロ一・七）と語られる世界です。

また試練や苦難の只中で、他者からの慰めや励まし、とりなしの祈りに感謝しつつも、それではどうにも埋められない距離を感じながら、ひとり孤独になってただ茫然《ぼうぜん》と神の御前にいる時に、神は私たちとの間に何の壁も仕切りもなく、どんな隙間も隔てもないほどに「濃密化」された関係に招き入れてくださるのです。そこには人間の同情や慰めとはまったく異なった、濃厚で濃密な交わりがあります。それはまさに神の御子が私たちのために、はらわたが引きちぎられるほどの「憤り」（ヨハネ一一・三三）を覚え、私たちのために「涙を流され」（同三五節）るほどの深い愛とあわれみに満ちた関係です。

このような苦難における神関係の「純化」と「濃密化」は、何よりも「祈り」を媒介にして結び合わされ、深められるものであり、そこで私たちは「祈りの力」を経験させられるのです。

祈りによる変容

以上のような経験を通される中でなお祈りの力を経験するのは、祈りを通して祈っている私自身が変えられていくという「祈りによる変容」によってです。三位一体の生ける神に向かって祈る中で、この神との間に与えられる「純化」され、「濃密化」された交わりを通して自分自身が神によって深く取り扱われ、それによって自らの神理解、信仰理解、それに基づいて形づくられてきた価値観、人生観、死生観、霊性に変化が生まれ、祈っている自分自身が変革されていく経験をさせられるのです。それは神の子として、キリストといよいよ固く確かに結び合わされつつ聖化から栄化へと進み、やがてキリストの似姿に変えられていくという、救いの完成への「変容」の道筋とも重なってくるものでしょう。

このことを深く教えられるのは、旧約聖書のヨブの姿です。彼は「誠実で直《す》ぐな心を持ち、神を恐れて悪から遠ざかっていた」（ヨブ一・一）と言われる希有な信仰者でした。

そんなヨブを巡って、神と彼が与り知ることのない二度にわたる天上の会議が行われ（一・六～一二、二・一～六）、神がサタンにヨブへの試練を許可される。それによってヨブは瞬く間に家畜としもべたち、家と財産、そして愛する子どもたちすべてを失い（一・一三〜一九）、次いで彼自身も打たれて重い悪性の腫物を患うようになるのです（二・七〜一〇）。何の理由も知らされず、まるで神とサタンの駆け引きゲームのコマの一つのように扱われ、理不尽な惨劇に見舞われるヨブです。

しかしこれほどの試練に遭遇しつつも「ヨブは立ち上がって上着を引き裂き、頭を剃《そ》り、地にひれ伏して礼拝し、そして言った。『私は裸で母の胎から出て来た。また裸でかしこに帰ろう。主は与え、主は取られる。主の御名はほむべきかな。』ヨブはこれらすべてのことにおいても、罪に陥ることなく、神に対して愚痴をこぼすようなことはしなかった」（一・二〇〜二二）と記されます。またひどい腫物に苦しむ夫の姿を見るに耐えきれず、「あなたは、これでもなお、自分の誠実さを堅く保とうとしているのですか。神を呪って死になさい」（二・九）と極限的な心情を吐露する妻に向かって、「あなたは、どこかの愚かな女が言うようなことを言っている。私たちは幸いを神から受けるのだから、わざわいも受けるべきではないか」（同一〇節）と驚くほど冷静に応じ、「ヨブはこのすべてのことにおいても、唇によって罪に陥ることはなかった」（同節）と証言されるのです。

やがてエリファズ、ビルダデ、ツォファルという三人の友がヨブの置かれている状況を知り、「ヨブに同情し、慰めようと、互いに打ち合わせて来た」（同一一節）ものの、ヨブのあまりに変わり果てた悲惨な姿にショックを受け、「七日七夜、地に座っていたが、だれも一言も彼に話しかけなかった。彼の痛みが非常に大きいのを見たからである」（同一三節）と記され、そのことばを失うほどの光景が読者である私たちにも伝わってきます。

そして三章から、ヨブの三人の友との対話、それに後に第四の人物エリフが加わっての本論部分が始まりますが、その冒頭は、先ほどまでの試練の中でも信仰の正しさと冷静さを失わなかった姿とは打って変わったヨブのことばで始まります。「私が生まれた日は滅び失せよ。『男の子が胎に宿った』と告げられたその夜も。その日は闇になれ。神も上からその日を顧みるな。光もその上を照らすな。闇と暗黒がその日を取り戻し、雲がその上にとどまれ。昼を薄暗くする者も、その日を脅《おびや》かせ」（三・三〜五）。

こうして始まる対話編は、一見、ヨブと友人との対話のように見えながら、実際はヨブの自分自身の内面との深い対話、訪れる四人の友たちの「正しいことば」とヨブの「魂の叫び」との深刻なすれ違い、そして神への嘆き、求め、訴え、叫び、問いかけのことばで溢れています。

しかしそんなヨブ記の大きな転機が、三八章の「主は嵐の中からヨブに答えられた」

（一節）とのことばから始まる、主なる神の、ヨブに対して畳みかけるような、圧倒的で怒濤の語りかけでした。「知識もなしに言い分を述べて、摂理を暗くするこの者はだれか。さあ、あなたは勇士のように腰に帯を締めよ。わたしはあなたに尋ねる。わたしに示せ」（同二～三節）。

旧約学者で青山学院大学名誉教授の大島力《おおしまちから》先生は、『聖書の中の祈り』（日本キリスト教団出版局、二〇一六年）で「ヨブの祈り」を取り上げ、この三八章に「問う者と問われる者の逆転」というタイトルを付けています。そしてこうした圧倒的な神の語りかけを前にして、ヨブが「ああ、私は取るに足りない者です。あなたに何と口答えできるでしょう。私はただ手を口に当てるばかりです」（四〇・四）と言い、やがて「あなたには、すべてのことができること、どのような計画も不可能ではないことを、私は知りました」（四二・二）、そしてついには「私はあなたのことを耳で聞いていました。しかし今、私の目があなたを見ました」（同五節）との告白に及んだヨブの姿を次のように説き明かします。

「ここには、……天地創造の神の大きさに圧倒されているヨブの姿が描かれています。そして、問う者と問われる者とがまったく逆転していることに気がつきます。ヨブは『なぜ自分が苦しまなければならないのか』ということを執拗に神に問いかけてきたのですが、しかし、神はその問いには直接は答えずに、むしろ、ヨブに対して『お前は何者か』と問い返している。このところに、あの『問いの転換』という事態が明確に示されています。」（七五頁）

その上で「これまで、自分のことを『敵』としてしか見ていないと考えていた神が、じつは自分のことを心の奥底まで知っていてくださる『味方』であった、という発見があったと言えるでしょう。確かに、自分は苦しみ、その理由を神に尋ねても答えは返ってこなかった。神は沈黙していた。しかし、それは神が自分から離れ、敵となって苦難を与えているのではなく、ヨブが苦しむ時、神はその苦しみをあたかもともにするように、ヨブを見守っていてくださった。その発見がここで『しかし今、この目であなたを仰ぎ見ます』と言われていることなのです」（七六〜七七頁）と説き明かします。

ここには、神の沈黙を嘆いていたヨブが神の臨在に触れた経験、しかもその経験を通して、実は神は一瞬たりとも沈黙しておられず、ずっとヨブに語りかけ続けておられたことへの気づきの経験があります。これがヨブが神との間で経験した「問う者と問われる者との転換」であり、ヨブの「祈りの変容」の姿です。

知らず知らずのうちにか、それとも自覚的にか、とにかく祈りによって神を動かそうとする私たちが、祈りの中で神との関係性に引き入れられ、キリストに結び合わされ、「純化」され「濃密化」される祈りの中で、祈っている私自身が変容させられていく。これもまた「祈りの力」によるものです。

祈りによる待望

本章の最後に、私たちが祈りの力を経験するのは、苦難の中で神を待ち望むことを教えられる「祈りによる待望」によって、ということを学んでおきたいと思います。

芳賀先生は、苦難による神関係の「純化」と「濃密化」に続き、「苦難は神関係をアドベント化し、世界を救済待望的にする」（前掲書、三〇頁）と言います。少々難しい表現ですが、私たちが試練や苦難の中で神の子どもとして父なる神に祈る時、その祈りは「アドベント」つまり「神の到来を待つ祈り」となり、この世界の救いを待ち望む祈り、救いの完成を待ち望む終末論的な祈りとなるのです。

このような祈りは、主を待ち望む祈り、「待望の祈り」です。「主よ　今　私は何を待ち望みましょう。私の望み　それはあなたです」（詩三九・七）、「私のたましいよ　黙ってただ神を待ち望め。私の望みは神から来るからだ」（同六二・五）と詩人は神ご自身への待望を歌い、迫害下の初代教会は「あなたがたは心を引き締め、身を慎み、イエス・キリストが現れるときに与えられる恵みを、ひたすら待ち望みなさい」（Ⅰペテロ一・一三）、「神の日が来るのを待ち望み、到来を早めなければなりません」（Ⅱペテロ三・一二）と、「待望」を生活の中に論理化して位置づけました。すなわち「祈りによる待望」が私たちの日々を生きる姿勢を造り上げるのであり、「祈りによる待望」は、終末における御国の完成の希望に向けて私たちの生活を倫理化するのです。

宗教改革者カルヴァンは、『信仰の手引き』（一五三七年）の中で、「〈希望〉とは何か」として次のように記しました。

「〈信仰〉が（すでに聴いたように）神に真理についての確たる信念であり、それがわれわれを偽るとか欺くとか、空しい虚偽のものにするというようなことがありえないとすれば、この確信を抱いたものらはまた確かに神がその約束を成就する日がくるのを待つのであり、彼らはその約束が真実でしかありえないと考える。このように〈希望〉とは要するに本当に神の約束であると信仰が信じたことの待望以外のものではありえない。こうして〈信仰〉は神が真実であると信じ、〈希望〉は神がその真理を時宜に適したときに明示するのを待つ。〈信仰〉は神をわれわれの〈父〉と信じ、〈希望〉は神がつねに〈父〉としてわれわれに振る舞うのを待つ。〈信仰〉は永遠のいのちがわれわれに与えられることを信じ、〈希望〉はいつかそれが啓示されるのを待つ。〈信仰〉は〈希望〉を支える基礎であり、〈希望〉は〈信仰〉を養い保つ。つまりまず神の約束を信じている者でなければだれも神に何一つ期待し希望することができないのだから、一方でわれわれの〈信仰〉の弱さは（いかに疲れていようとも滅びることのないように）望んで忍耐強く待つことによって支えられ保たれねばならない。」（森井真訳『宗教改革著作集一四　信仰告白・信仰問答』教文館、一九九四年、二四六頁）

この「信仰」と「希望」と「約束」の関係を受け取り、それを確認し、日々の力に転換するものが「祈り」だと言えるでしょう。

同じくカルヴァンが『共観福音書註解』（一五五五年、『カルヴァン・新約聖書註解Ⅱ　共

観福音書 下』森川甫・吉田隆訳、新教出版社、二〇二二年）に記した、ルカの福音書一八章の「神を畏れず人を人とも思わない裁判官」の箇所の説き明かしを紹介します。

「熱心に祈り続けることは、どんなに努力しても、いかに難しいかを私たちはよく知っている。熱心な気持ちはすぐに萎え、私たちの不信仰がそこに現れてくる。心の中の願いを求め始めて、直ちに答えが得られないとき、私たちの希望と祈る気持ちはしぼんでしまう。しかし、願いをすぐに聞き入れてもらえないとしても、勇気を失わない人がいるならば、そこには信頼についての真の確かな証拠がある。したがって、キリストが今、弟子たちに祈るときの忍耐を勧めておられるのは、やはり理由のあることなのである。」（七頁）

「神がなかなか聞いてくださらないために待ちくたびれて不安を感じたり、無気力になったり、あるいは祈りの熱心さが冷めたりしたとき、そのようなときに、たとえ結果は未だ現れないとしても、私たちの祈りは決して無用ではないことを確信しよう。そして、私たちの短気を抑えて気長に待つことによって、私たちの祈りの持続が妨げられないように固い信念を持ち続けよう。」（八頁）

三位一体の生ける神からの答えを待望して、日々に切なる祈りをささげている私たちです。しかし、しばしば祈っている時の私の心は神に向かうよりも、ささげている祈りに対して答えは出るのか、それはいつのことであり、どのような内容であり、どのような仕方であり、そのように願いと合致するものなのか、そのような思いで溢れてしまうことがあります。

そのような時、主を待ち望む心を与えられるために、祈りの答えに執着する自分の心をいったん手放したいと思います。そうして祈りの心が解き放たれていく時、あらためて、私たちが祈っている相手が御父・御子・聖霊の生ける三位一体の神であること、祈りはその神との豊かな語らいであり、交わりであること、祈っている私は「神の子」とされた者であることを確認し、その祈りの中でキリストと一つに結び合わされ、神との関係が純化され、濃密化され、そのようにして祈りを聞いてくださっている神ご自身を待望することで自らが変容されていくことに気づくのです。

この三位一体の生ける神ご自身を信じ、愛し、信頼し、期待し、待ち望むことを通して、祈りの力をますます経験していきたいと願います。

第三部　祈りの作法

第三部では、これまで述べてきたことのまとめとして、「祈りの作法」を十三ほど挙げてみました。十三という数にさほどこだわりはありません。むしろ、本書を手にした皆さんがそれぞれご自分の「祈りの作法」を造り上げていってくださったらと思います。

祈りの作法 その一　素直になって

祈りの作法その一は「素直になって」祈ることです。

主イエス・キリストは言われました。「子どもたちを、わたしのところに来させなさい。邪魔してはいけません。神の国はこのような者たちのものです。まことに、あなたがたに言います。子どものように神の国を受け入れる者でなければ、決してそこに入ることはできません」（マルコ一〇・一四〜一五）。「子どものように」とはどういうことでしょうか。「純真、無垢であり、罪がない者のように」ということでしょうか。残念ながら子どもたちもだれに教わらなくても嘘をついたり、ごまかしたり、罪を犯す者です。

むしろ私は「子どものように」とは、その「素直さ」にあるように思います。願うことへの素直さ、受け取ることへの素直さ、受け取った喜びをそのまま表現することへの素直さです。

親や祖父母が自分の子や孫にお誕生日やクリスマスにプレゼントを贈ります。その時に受け取った子や孫が「いやいや、こんな良いものをただで頂戴《ちょうだい》するわけにはいきません」と遠慮したり、「こんなものをいただいてしまった。すぐに何かお返しをしなければ」と気遣ったり、果ては「こんなものをくれるなんて、さては何か裏にたくらみでもあるのでは?」と疑ったりしたらどうでしょう。

プレゼントした側は、遠慮してほしいわけでも、見返りを求めているわけでも、まして何かの魂胆を持っているわけでもありません。親や祖父母たちは、子や孫がプレゼントを受け取り、包み紙をはがし、中身が出てきた時に、「やったあ! これが欲しかったんだ!」「わあ、うれしい!」と満面の笑みを浮かべ、喜びを全身で表している姿を見るのが喜びであり、「ありがとう!」と言ってそれを受け取り、無我夢中で遊び始める姿を見るのが喜びなのです。

この、受け取り、受け入れることへの素直さ。感謝を表すことへの素直さ。それが神の子とされた私たちにも与えられています。そして私たちの祈りも、三位一体の生ける神との交わりの中に迎えられ、聖霊にとりなされ、御子キリストの御名により、御父に向かって「アバ、父よ」と叫ぶ、神の子どもとしての祈りです。

そうであれば、まずは子どものように素直になって祈ることができたらどれほど幸いなことでしょうか。子どもの祈りは率直です。大胆です。飾り立てることも見栄を張ることもなく、恥ずかしがることも遠慮することもなく、そして相手に忖度《そんたく》することもありません。そんな姿に教えられながら、私たちもだれかの視線を気にすることもなく、ただ主の御前に心を開き、自分の願い、求め、嘆き、訴え、「こんなことまで祈っていいのだろうか？」と思うようなことをこそ、素直になって祈ることが大切でしょう。

祈りの作法 その二　声を聴きながら

祈りの作法その二は「声を聴きながら」祈ることです。

祈りは「神との会話」「神との語らい」です。主が語られる御声に聴き、その語られた御声に応答して祈るのです。このような双方向の会話が成り立つためには、まず私たちが神の語りかけてくださる御声に集中して聴くことが大切でしょう。

神に聴くことのない祈りは、神の語りかけに耳を閉ざし、あるいは神が語りかける隙間もないほどに自分のことばで埋め尽くし、神との豊かな交わりを自ら閉ざしてしまう、一方通行の独白になりかねません。

たとえば朝の静まりと祈りの時であれば、聖書を開き、聖霊の照明と導きを求めて「主よ、お語りください。しもべは聞きます」と祈り、みことばを読み、そこで神が語りかけてくださるのを期待しながらしばしの静まりの時を持ち、主の語りかけを待ちます。どれほどの時間が必要でしょうか。数分、数十分、あるいは数時間。とてもそんなに時間を確保できないというのが私たちの日常生活です。ですから次の「祈りの作法 その三」で扱うように、祈りに集中するためには時を取り分ける必要があるかもしれません。

また毎日毎日の祈りの中で待ち続けることがあるかもしれません。その間に不安になったり、心が揺さぶられたりする時もあるでしょう。しかし主は最善のタイミングと、最善の仕方で私たちに語りかけてくださいます。それは毎朝の静まりの時かもしれませんし、主の日の礼拝の説教を通してかもしれませんし、だれかから送られて来た手紙に添えられたみことばによってかもしれません。しかし主の御声を聴くことは祈りにとって欠かせないことです。

さらにまた、神に向かって祈っている自分の声を聴くことも大切です。祈る自分の声を自分で聴く時、私たちは自分のささげている祈りに対してより自覚的になります。今、自分は神の御前にどんな姿でいるのか。自分が祈っているこの祈りはいったいどんな祈りか。自分は自分がいま何を願っているのかを自分でわかって祈っているだろうか。こうして自分の声を聴きながら、自分の祈りの一つ一つに自覚的になることで、神との語らいはいっそう深められることでしょう。

祈りの作法 その三　時を取り分けて

祈りの作法その三は「時を取り分けて」祈ることです。

忙しい時代です。朝から晩まで落ち着く間もなく、「今日も昼食を食べ損ねた」「こんな生活でいいのだろうか」「どこかでリセットしなければ」と思いつつ、それでもしなければならないことは山ほどあり、やらなければ締めきりに間に合わないことが次々とやって来ます。そうしてあっという間に一日が、一週間が、一か月が過ぎていくのです。そんな中で「時を取り分けて祈る」ことは、今の時代、特に至難の業かもしれません。

幸いなことに、祈りは「いつでも」「どこでも」「どのようにしても」ささげることのできる、自由度の高い柔軟なものです。特にプロテスタント教会では決まった祈りの型や時間、所作が厳格に定められているわけではありません。式文や祈禱文によらない「自由祈禱」の伝統は、私たちの祈りの自由さを広げてくれるものです。

とは言え、時を取り分けて祈ることができるに越したことはありません。それによって私たちと神の間に特別な空間が確保され、私たちの生活の真ん中に柱が据えられ、それが私たちの多忙な日々の歩みの支えとなってくれるのです。

聖書の中に「聖別」ということばがあります。「聖別」とは神のために取り分けるということです。主の日を他の日々から取り分けて礼拝をささげるように、献金を他のものから取り分けて主にささげるように、祈りも主なる神の御前に「時」を取り分けてささげる、聖なる営みです。

一日の始まりに、まずは主との親密な交わりのために時を取り分けて祈ること、一日の終わりに悔い改めと感謝の中にゆっくりとその日を振り返り、思い巡らすために時を取り分けて祈ること。時間の長さ短さは人それぞれでしょう。祈りのかたちも同様です。目覚めた床の中で、通勤電車に揺られながら、一通りの朝の仕事を一段落させて、あるいは夕べに湯船に浸かりながら、寝室でアロマの香りに包まれながら、枕元の明かりを落としてから。それは義務感に迫られて行う業でなく、生ける神との交わりを楽しむための語らいのひとときです。多忙な日々の中にあって、他のものに邪魔されず、心乱されることなく、存分に神との語らいに心を用いるために、時を取り分けて祈ることを大切にしたいものです。

祈りの作法その四　咄嗟《とっさ》の時にも

祈りの作法その四は「咄嗟の時にも」祈ることです。

「時を取り分けて」ささげる祈りが常時、平時の祈りであるとすれば、「咄嗟の時」の祈りは臨時の祈り、危急の祈りです。すでに触れたように、「主の祈り」や教派によって決まった「祈禱文」のような定型の祈りもありますが、時と場とに縛られ、決まった手順と所作を踏まなければ祈れないというものではありません。

特に何か急なことが起こった時、咄嗟に祈る。何を置いてもまずは短く「主よ！」と叫ぶ。ＳＯＳ信号を発するような祈りを、そしてその咄嗟の祈りに込められた私たちの一瞬の真実さを、主は聴き逃すことなく受け取ってくださいます。

多くのキリスト者の家庭でもそうでしょうが、我が家でも子どもが小さい時は、転んで膝をすりむいたと言っては泣き、テーブルの角に頭をぶつけたと言っては泣き、お腹がいたいと言っては泣くたびに、妻や私がまずしたのは「お祈りしよう」の一言でした。痛いところに手を当てて、ほんの一言祈る。怪我をして血が出れば親も慌てます。でもそんな時もまずは「主よ」と短く祈ることで、こちらも落ち着いてその後の対処にあたることができる、そんな経験をしてきました。

教会でも、信徒の方の仕事や子育て、忙しさの話を聞く時、求道者の方に一言声をかけて礼拝後に送り出す時、高齢の会員に身体の具合を聞く時、受験生に勉強の様子を聞いたり、友だち関係の様子などを聞いたりする時、そして時に起こる突発的な出来事で連絡を受けたり、病床に駆けつけたりする時にも、最後には必ず「お祈りしましょう」と声をかけ、短く一言の祈りをともに祈るようにしてきました。

時を取り分けて祈ることで培われた「祈りの積み上げ」に信頼し、咄嗟の時にも主に祈ることを大切にしたいのです。「あっ！」と声をあげる瞬間に、思わず「主よ！」と祈ることができるようになった時、私たちは主を身近な存在として、祈る者とされているのではないでしょうか。

祈りの作法 その五　慌てず、急がず

祈りの作法その五は「慌てず、急がず」祈ることです。

咄嗟の時にも祈る私たちですが、他方でじっくりと時間をかけ、長い年月をかけて祈り続けている祈りがあります。大きな課題、切実な願いであればあるほど、私たちは祈りつつその答えを早く得たいと思うものです。そんな時、気づいてみると祈りがずいぶんと前のめりになり、せっかちになっていることがあります。また祈りながらも不安がやってくる。祈りながらも疑いが生まれてくる。祈りながらもじっとしていられなくなることがあります。この祈りは届いているのだろうか。何か祈りの目的がずれているのではないだろうか。神のみこころにそもそもかなっていないのではないだろうか。そんな思いが押し寄せてくることもあります。

たとえば子どもの成長のために日々祈ります。しかし「早く大きく成長し、立派な大人になりますように」と祈ったからといって、急激に成長のスピードが上がるわけではありません。やはり一日ずつ、一歩ずつ、時には一進一退を繰り返し、横道に逸れ、回り道を

し、そうやって人生を歩んでいくのです。反抗期を迎えれば親も気を遣います。塞ぎ込んでいたら、何か悩みがあるのだろうかと気をもみます。話しかけても「うん」とも「すん」とも言わなければ、いったい何を考えているのだろうかと気になります。かつて幼かった頃のように、寝る前に枕元で祈ってあげたいとも思います。

家族の救いのための祈りがあります。伴侶のため、親のため、子どものため、その連れ合いのため、孫のため、主の約束を信じて祈り続ける、日毎の祈りは、時に何年、何十年とかかる祈りになるかもしれません。途中、幾度途絶えたかわからない。何度も諦めかけ、心萎えそうになりながら、それでもまた思い直して祈り始める。そんな祈りを繰り返してきました。

そのような経験の中で、私たちは慌てず、急がずに、神を待つ祈りを身に着けさせられていきます。「主よ、まだですか?」「主よ、いつですか?」「主よ、いつまでですか?」と「時」にとらわれすぎる時、私たちの祈りの空間は狭まっていきがちです。「苦難が忍耐を、忍耐が練られた品性を、練られた品性が希望を」とのローマ人への手紙五章のみことばに教えられつつ、「この希望は失望に終わることがない」との約束を握り締めて、慌てず、急がずの祈り、忍耐の祈り、神を待つ祈りを身に着けたいものです。

祈りの作法その六　願いつつ、委ねつつ

祈りの作法その六は「願いつつ、委ねつつ」祈ることです。

祈りの中心に「願い」があるのは、ある意味、自然のことです。父なる神ご自身が、私たちが願うことを許していてくださり、待っていてくださり、それに答えてくださるお方であることを私たちは知りました。ですから私たちは大胆に率直に祈り、願ってよいし、またそうすべきでしょう。

しかし本書の「祈りと聴許」の箇所でも学んだように、私たちの願いが「答え」に支配される時、私たちと神との間の世界はだんだんと空気が強張《こわば》り、ゆとりを失っていってしまいやすいものです。「神さま、余計な会話はいいのです。ゆっくりと話をしている暇《いとま》はないのです。とにかく願いを聞いてくだされればよいのです。そしてすぐに答えだけを下さればよいのです。」そのような祈りは、まさに一方通行の祈り、リクエストを送り続けるだけの祈りとなっていってしまうでしょう。

願いつつ祈るとともに、委ねつつ手放しつつ祈ることも大切です。なかなか難しいこと

です。願いが切実であればあるほど、それを手放し、委ねることには不安が伴います。それでも「委ねます」と祈ることができるためには、信頼と決断、時には勇気と責任感も必要となります。

祈った先は主なる神にお委ねしつつ、そこで自分の果たせる責任を果たす。もちろんすべての主権は神の御手の中にありますが、願いつつ、委ねつつの祈りは、私にはあとは何もすることがないという状態を生むわけではありません。主に願い、委ねることで、むしろ自分の果たすべき役割や責任がはっきりしてくるでしょう。

委ねつつ祈ることは、私たちの願いを諦めさせるためでなく、なお祈り続け、願い続ける祈りへと私たちを勇気づけてくれます。そして私たちが祈る先に、私たちの願いを知っていてくださるお方に向かって祈ることができるという信頼を生み、御心にかなう願いをするなら神は必ず聴いてくださるという確信をもって祈ることができる。そしてやがては、たとえ願ったとおりにならなかったとしても、神が下さるものは最善であると信じて祈ることができる。そのような祈りの世界の広さと奥深さを味わうことができるところに、祈りの醍醐味があると言えるでしょう。

祈りの作法 その七　ことばにならなくても

祈りの作法その七は「ことばにならなくても」祈ることです。

私の好きな讃美歌に「祈りが言葉にならなくても、切なる願いは内に燃える。涙を流してうめくときも、み神は近くにいてくださる。祈りのことばは短くても、『わが主』と呼びかけ助けを待つ。どんなにか弱くほそい声も、み父は聞き分け、こたえられる」（『教会福音讃美歌』三七七番）があります。『讃美歌』（一九五四年版）では「いのりは口より出で来ずとも、まことの思いのひらめくなり。祈りは心の底にひそみ、隠るる炎の燃え立つなり。いのりは幼きくちびるにも、言いうるた易き言の葉なり。いのりは天なるみくらまでも、けだかく聞こゆる歌にぞある」（三〇八番）となっています。

ことばにならない祈りを経験することは、私たちの信仰の営みにおいては試練の時、困難の時、危機の時でしょう。「主よ」と祈りはじめても、次のことばが出てこない。気がつけば、ただ「主よ、主よ」と繰り返すほかないような祈り。涙で声が詰まり、絞り出そうにもことばが出てこないような祈り。そういう祈りを抱える時があるのです。

ある時、そのような心持ちで迎えた主の日がありました。一週間の間に起こった出来事があまりに大きく重く心にのしかかかり、こんなことで明日の主の日の務めを果たすことができるだろうかと案じながら、それこそ「主よ、お委ねします」と祈って、土曜の深夜に床につきました。

日曜日の朝を迎えました。いつもの朝六時半からの早朝礼拝に、その日は来会者がありませんでした。私はひとりで礼拝堂の一番前のベンチに座りながら、ただ黙って時を過ごしました。まさに「ことばにならない」祈りの時でした。しかし一時間ほど黙って過ごした後、自分のうちに主にある平安が少しずつ広がり、力が湧いてきていることを感じました。聖霊がともない、とりなし、ともにうめいてくださったことを覚え、その日の、残る三回の礼拝の奉仕を無事に終えることができたのです。

「何をどう祈ってよいかわからない」(ローマ八・二六)、そのような「ことばにならない」祈りの中にある時に、聖霊がともにうめいていてくださることを経験することはどれほど幸いなことでしょうか。

祈りの作法 その八　心を注ぎ出して

祈りの作法その八は「心を注ぎ出して」祈ることです。「心を注ぎ出す」とは聖書に出てくる特徴的な祈りの姿です。サムエルの母ハンナの「私は主の前に心を注ぎ出していた」（Ｉサムエル一・一五）祈りの姿は印象的です。

また詩篇四二篇の「鹿が谷川の流れを慕いあえぐように／神よ　私の魂はあなたを慕いあえぎます。私のたましいは　神を／生ける神を求めて　渇いています。いつになれば私は行って／神の御前に出られるのでしょうか。昼も夜も　私の涙が／私の食べ物でした。『おまえの神はどこにいるのか』と／人が絶えず私に言う間。私は自分のうちで思い起こし／私のたましいを注ぎ出しています。私が祭りを祝う群衆とともに／喜びと感謝の声をあげて／あの群れと一緒に／神の家へとゆっくりと歩んで行ったことなどを」と嘆きつつ願う礼拝への思い。同じく詩篇六二篇八節の「民よ　どんなときにも神に信頼せよ。あなたがたの心を　神の御前に注ぎ出せ」との信頼の祈り。また一四二篇二節の「私は御前に自分の嘆きを注ぎ出し／私の苦しみを御前に言い表します」との率直な求め。そして哀歌二章一九節の「あなたの心を主の前に、水のように注ぎ出せ」とのエレミヤの呼びかけなど、切なる祈りはまさに心や魂、自分のうちにある最も正直な思いを「注ぎ出す」ほどの祈りです。

自分の心の深いところにあるものが、そこに留め置くことができないほどに溢れ出るような祈り、苦しみと痛みの中で心の思いを何とかことばにして絞り出すような祈り、何も包み隠すものなく、ありのまま正直に、自分のすべてを主の御前に注ぎ出す祈り。それは時に、自分自身の存在がそこで裏返しにされ、覆されてしまうかのような祈りとなります。私たちはそれほどの祈りの世界を、どれほどに知っているだろうかと振り返らされるのです。

このような祈りの姿を深く説き明かしてくださった貴重な説教集があります。難病との闘いの末に、四十八歳の若さで天に召された、個人的にも尊敬してやまなかった牧師、説教者、旧約学者、遠藤嘉信先生の『心を注ぎ出して　聖徒六人の祈りの姿から』（いのちのことば社、二〇一一年）です。その巻末に、嘉信先生の闘病に寄り添われた、夫人の芳子先生による「あとがきにかえて」という文章があります。その一節をご紹介します。

「……この六人の旧約の聖徒の祈りの姿を、みことばから解き明かされたとき、非常に心探られ神に向かわされたことを、私は忘れることができません。そして、主人が召された後も繰り返し何度この説教テープを聞いたことでしょうか。

主人の召天後わずか数か月で、思いもかけず私にがんが見つかったとき、とっさにこう祈っていました。『神様、私はどうなってもかまいません。ただ、どうか子どもにだけは手を下さないでください』

それなのに、二度の手術と六週間の放射線治療がようやく終わった翌月、今度は娘の背骨に十センチ大の腫瘍が見つかり、悪性と言われたのです。たとえ手術が成功したとしても、大きな障害を負うことは避けられないとのこと……。何とか立ち上がろうともがいていた矢先でした。とてつもない大きなハンマーで粉々に打ち砕かれる思いでした。

『神様、私はそんなに強い人間ではありません。お願いです。もうやめてください。子どもだけには手を下さないでくださいと、祈ったではありませんか』

背骨の激痛に昼も夜もうめき続ける娘を前に、主人がここにいてくれたらと切望しつつ、子どもに気づかれないように泣き続けました。もはやどう祈っていいのかわかりませんでした。その中で、主人の答えを聞きたくて、むさぼるように主人の説教テープを聞き続けました。

　すると不思議に、その説教を通し、そのときそのときに必要としていた答えが返ってくるようでした。どう祈っていいかわからない混乱の中で、特にこの『祈り』のシリーズの説教を聞きながら、少しずつ見上げるべき方を見上げさせられ、祈るべき祈りを教えられていくような気がしました。」

（一二三～一二四頁）


ここには、聖書の中の「心を注ぎ出して」祈った人々の姿に重なって、「心を注ぎ出して」祈った人の姿が映し出されています。

祈りの作法 その九　心を合わせて

祈りの作法その九は「心を合わせて」祈ることです。

私たちはひとりで祈る幸いだけでなく、ともに心を合わせて祈る幸いを知っています。

「あなたがたのうちの二人が、どんなことでも地上で心を一つにして祈るなら、天におられるわたしの父はそれをかなえてくださいます。二人か三人がわたしの名において集まっているところには、わたしもその中にいるのです」（マタイ一八・一九〜二〇）との主イエスのお約束に、私は「教会」の一つの原型を見ます（拙著『教会に生きる喜び　牧師と信徒のための教会論入門』教文館、二〇一八年、三五〜三八頁参照）。まさに教会は「祈りの家」なのです。

週日の早天祈禱会、週の半ばに集まって祈る祈禱会、教会にとって重要なあるいは喫緊の課題を覚えて集中して祈る徹夜祈禱会や、祈りが途切れぬように時間を割り振ってそれぞれの場でささげる連鎖祈禱会など、教会は心合わせて祈るためのさまざまな工夫を重ねてきました。同じ時と場所に集まって祈ることができるなら、それに越したことはありませんが、そうでなければ「心を合わせて」祈ることができないわけではありません。

当時お仕えしていた教会で、コロナ禍になって教会に集まることが難しくなった時期、「心を合わせて祈る」必要を覚えて、二つの取り組みを始めました。一つは水曜日の夜の祈禱会をオンライン会議ツールを用いて行うようにしたことです。それまでは夜の祈禱会に集まることのできるメンバーは限られていました。東京の教会で、平日の夜七時半に教会に来るということが現実的にいかに難しいかということを感じていました。ところが、オンライン形式に切り替えてから出席者が増えるといううれしい経験をしました。もちろんそれぞれの場所は異なります。自宅で、職場で、中には帰宅途中の電車の中から音声だけで参加する方もおられました。遠方にお住まいの老夫妻も、慣れない機器をそれでも上手に使いこなして毎週欠かさず参加されました。そこで祈る祈りはまさに「心を合わせて」の祈りでした。

もう一つの取り組みは、毎朝七時に牧師からの短いみことばの黙想と祈りを記したメールを配信したことです。以前からこのような取り組みを続けてこられた牧師たちを知っていましたが、自分は「続けられる自信がない」と思っていました。しかしコロナ禍になって一緒に集まることができない中で、せめてできることを、ということで始めたものでした。ほんの数か月の間のことでしたが、きっと今朝も教会の仲間たちがそれぞれのところで同じ祈りをささげているのだと思うと、それだけでも大きな励ましとなったことを思い出します。

私たちは自分一人で祈るばかりでなく、他者とともに心を合わせて祈ることで、自分自身の祈りも整えられ、引き上げられます。互いに祈り祈られ、とりなしとりなされることで、互いに愛し合い、仕え合うことを学び、キリストの満ち満ちた身丈にまで成長させられていくのです。

祈りの作法 その十　「アーメン」をはっきりと

祈りの作法その十は「『アーメン』をはっきりと」祈ることです。
ハイデルベルク信仰問答の最後の問いである第一二九問に、次のように記されています。

問　「アーメン」という言葉は、何を意味していますか。
答　「アーメン」とは、
　それが真実であり確実である、ということです。
なぜなら、これらのことを神に願い求めていると、
　わたしが心の中で感じているよりもはるかに確実に、
　わたしの祈りはこの方に聞かれているからです。

私たちは自分の祈りの確かさ以上に、聞いてくださるお方の真実を確信して「アーメ

ン」とはっきり祈りを締めくくるのです。

かつての神学校時代の恩師、故・小畑進先生は、さまざまな意味でまことに個性的豊か、豪胆かつ繊細、博覧強記《はくらんきょうき》の名説教者、名牧会者でもあられ、当時、先生に触れて何の影響も受けなかった人はひとりとしていないのではないかと思えるぐらいの大きな存在でした。小畑先生の印象の中で、きっと先生を知る多くの方が同意されるだろうと思うのは、祈りの結びの「アーメン！」の声の大きさです。まさに腹の底から、気合いを込めた「アーメン！」が教会の礼拝堂でも、神学校のチャペルでもひときわ大きく鳴り響いたものです。「本当に信じているなら、そんなチョロチョロとした『アーメン』で祈りを締めくくる奴がいるか。もっと腹の底から言ってみろ！」と叱咤激励されたものです。

今でもその教えを忠実に守って、ひときわ大きな声で「アーメン！」と結ぶ同労の友がいますが、「アーメン」をはっきりと言って祈りを締めくくることは、主への信頼の何よりの証しでしょう。

「私たちの祈りを聞かれる父なる神に向かって、今日も、明日も、大胆に、率直に、疑うことなく、恐れることなく祈りの声を挙げ続けていきましょう。神のご支配の成就するときに、神の御前ですべてがアーメンとなる時を目指して、この祈りをささげ続け、力強く『アーメン』と言い切り、また新しく、『天の父よ』と祈りつつ歩む私たちとならせていただきましょう。」

（拙著『ハイデルベルク信仰問答を読む』、三九三頁）

祈りの作法その十一　先人の祈りにならって

祈りの作法その十は「先人の祈りにならって」祈ることです。

私たちの前には数え切れないほどの、主を信じ、主に従い、主に祈って生きた聖徒たちがいます。まさに「多くの証人たちが、雲のように私たちを取り巻いている」（ヘブル一二・一）のです。そのような信仰の先人たちの祈りに学び、その祈りの姿やことばを知ることができるのは、まさしく信仰の宝を掘り起こすようなものです。

自分のことばで祈ることが難しい時、ふさわしい祈りのことばが見つからない時、しばしば教会は「詩篇を読む」ことを勧めてきました。実際に「祈れない時は詩篇を読みなさい」という勧めを受けたことのある人もおられるでしょう。私もしばしば、自分の祈りに代えて詩篇のことば読む、朗読するということがありました。まさに詩篇は祈りの宝庫であると実感しました。

詩篇にかぎらず、聖書の中には祈りが数多く登場します。私にとって印象深いのは、前任教会で新会堂建築に取り組んでいた際に礼拝で学んだ「ネヘミヤ記」です。そこでのネヘミヤの祈りは、まさにその時の私の祈りとなりました。またローマ人への手紙を講解説教していた際に、パウロの筆がしばしば脱線し、しだいに熱を帯び、信仰の議論をしているつもりがいつの間にか賛美になっていたり、思わず祈りになっていったりする姿に触れて、ローマ人への手紙の理解も新たにされましたし、説教者パウロの信仰の息づかいに触れたような気もしました。

教会の歴史の中でも多くの聖徒たちが祈り続けてきました。順境の時にも、逆境の時にも。そして感謝なことに、そのような代々の信仰者たちの祈りのことばを集めたアンソロジーや、信仰の先人の祈りのことばをまとめた「祈りの書物」が数多く出版されています。それらはまさに「祈りの手本」で、そのとおりに祈ってよいのです。

そこで、以下に私が個人的にお薦めしたい、いくつかの書物をご紹介します。残念ながら今では入手困難なものも多いのですが、教会の書棚などに収められているかもしれません。なお「静思のとき（ディボーション）」のための聖書日課、また「主の祈り」の講解書は数多く出版されていますので、ここでは「祈りのことば」が綴られた書物に限っています。

まず一番のお薦めは、「はじめに」でも紹介したＦ・Ｂ・マイアー原著、小畑進編著**『きょうの祈り』**です。短くも季節感があり、含蓄の深い祈りの書物として、今も私の一番手もとにある一冊です。

次は、クリストフ・ブルームハルト著**『ゆうべの祈り』**加藤常昭訳（日本キリスト教団出版局、一九六二年、改訂版二〇一〇年）です。カール・バルトに大きな影響を与えた、子ブルームハルトによる味わい深い祈りのことばが綴られています。

さらに教会の歴史の中で祈られて来た祈りのアンソロジーとして、平野克己編**『祈りのともしび　二〇〇〇年の信仰者の祈りに学ぶ』**（日本キリスト教団出版局、二〇一五年）、宗教改革者たちの祈りを集めた、マンシュレック編**『改革者の祈り』**平井清訳（新教出版社、一九五八年）、主にドイツ福音主義教会の祈禱集から編まれた、雨宮栄一編訳**『祈りを豊かに』**（日本キリスト教団出版局、一九七六年）、また教会暦に因んだものとしては小泉健

『**主イエスは近い　クリスマスを迎える黙想と祈り**』（日本キリスト教団出版局、二〇一九年）、同じく『**十字架への道　受難節の黙想と祈り**』（日本キリスト教団出版局、二〇一九年）などがお薦めです。

主日礼拝を中心とした教会の営みのための祈禱集としては、越川弘英・吉岡光人監修『**主日礼拝の祈り**』（日本キリスト教団出版局、二〇一七年）、また多くの祈禱集をまとめられた加藤常昭先生のものから、『**祈禱集　教会に生きる祈り**』（教文館、一九九五年）、鎌倉雪の下教会の礼拝で祈られた「牧師がする祈り」を集めた『**み前に注ぐ祈り　頑なな心を、あなたの愛が溶かしてください**』（キリスト新聞社、二〇〇八年）などがあります。

また、信仰生活のさまざまな局面での祈りを紡いだものとして、同じく加藤常昭先生の『**祈り**』（日本キリスト教団出版局、二〇〇二年）、また石井錦一先生の『**祈れない日のために**』（日本キリスト教団出版局、一九八五年）、『**信じられない日の祈り**』（日本キリスト教団出版局、一九九二年）、『**癒されない心の祈り**』（教文館、一九九八年）は、大変行き届いた祈りのことばが綴られています。

最後に、少し変わったところで、しかし私がお薦めしたい二冊。一冊はR・ボーレン『**祈る　パウロとカルヴァンとともに**』川中子義勝訳（教文館、二〇一七年）です。これは新約聖書テモテへの手紙第二のみことばと、それを説くカルヴァンのことば、その間にボーレンによる祈りのことばが記された、とてもユニークな一冊です。

ユニークといえば最後の一冊が青山学院大学宗教主任会編著『**大学の祈り　見えないものに目を注ぎ**』（日本キリスト教団出版局、二〇二二年）。これはキリスト教主義大学における行事、式典、会議、さまざまな教員たちの働き、学生たちのキャンパスライフから、職員たちまでを視野に収めた優れたもので、とりわけ「キャンパスの日々」に綴られる「授業に臨む」「学業を続けることに迷う」「失恋する」「求めた結果を得られなくて」「就職活動の途上で」などの祈りは、宗教主任の先生方の牧会者としてのまなざしを感じるものですし、私も実際に祈ったのは「パソコンの調子が悪い」と題されたこんな祈りでした。「神さま、パソコンというものはなぜ、大切な時にかぎって、動かなくなるのでしょうか。私の大切なデータが無事に保存されていますように……」（七六頁）。祈りとはこういう日常のリアリティの中にあるものだとつくづく教えられたものです。

祈りの作法 その十二 「主の祈り」に教えられつつ

そして、祈りの作法その十二として、「『主の祈り』に教えられつつ」祈ることです。これについてはもはや余計なことばは不要でしょう。何よりの祈りの模範であり、手本である、主イエス・キリストが教えてくださった「主の祈り」。これを繰り返し祈ることです。

その場合、「同じことばをただ繰り返してはいけません」（マタイ六・七）と主イエスが戒められたように、意味もわからずただ繰り返すということでなく、祈りのことばの意味をよく味わい、咀嚼《そしゃく》し、自分の信仰の血肉とすることが肝要です。自分が祈っていることばの意味を知って祈る。そうすることで祈りの世界はさらに豊かにされていくでしょう。そのためには、数多くある「主の祈り」についての書物を読むこともよいですし、やはり教会の礼拝で「主の祈り」が説き明かされることが重要だと思います。私はかつて奉仕したいくつかの教会で、何度も「主の祈り」を説く説教を続けてきました。今、奉仕している教会でも、「主の祈り」講解に取り組んでいるところです。

先日の礼拝では、「御国が来ますように。みこころが天で行われるように、地でも行われますように」（同一〇節）の祈りについて学びました。「御国が来ますように」との祈りは、今も戦争が止まず、疫病に苦しみ、災害が襲い、地球環境が壊れ、人々の間に格差が広がり、愛が冷えていく、この世界のただ中に、平和の君なる主イエスをまことの王とする御国が来ますようにと祈ることであり、王なるイエス・キリストの御支配が地の隅々にまで行き渡るように祈ることだと学びました。この祈りを私たちが本気で祈るなら、私たちの為すべき役割、果たすべき責任が見えてきます。「御国が来ますように」という祈りは、ただ「待っている」祈りではなく、御国を来たらせるために「私たちを用いてください」という祈りでもあるのです。

祈りの作法 その十三　祈りの射程を広げよう

最後に、祈りの作法その十三として、祈りの射程を広げたいと思います。主イエス・キリストはルカの福音書一二章三二節でこう言われました。「小さな群れよ、恐れることはありません。あなたがたの父は、喜んであなたがたに御国を与えてくださるのです。」

今、私たちが生きている身近なところから広い世界を見渡す時、いったい私たちに何ができるだろうかと途方にくれてしまいます。私たちの教会は「市原平安教会」と言います。礼拝は全員揃っても十名の小さな群れです。教会のある近隣の地域はもとより、日本の社会や、まして世界に影響を与えられるような存在とは到底思えない。私たち一人ひとりはまことに小さく弱い存在です。しかし主イエスは言われるのです。「小さな群れよ、恐れるな」と。「あなたがたの父は、喜んであなたがたに御国を与えてくださる」と。そして私たちの教会は「平安があなたがたにあるように」と、神の平安、シャロームを告げ知らせるために建てられている教会だと。

では私たちにできることは何か。そして私たちが一番にすべきことは何か。それは祈りです。私たちの教会の週報には、〈心を合わせて祈りましょう〉という欄があり、毎週の祈禱課題が載せられます。その最後の祈りは「市原市近隣の皆さんの祝福、日本と世界の平和と祝福のため」となっています。私は牧師として時折、教会の皆さんに問うのです。「皆さん、この祈りの課題を本気で信じて祈っておられますか？　たった十人ばかりの高齢者の多い私たちの教会がこの祈りを祈ることにどんな意味があるのだろうか。ご近所の方も、市原平安教会が毎主日、自分たちの祝福を祈っているなんてご存じない。まして日本や世界の人々が私たちの小さな祈りで平和になるなんて考えられない。そういう思いが浮かばないでしょうか?」と。

皆さんはいかがでしょうか。「御国が来ますように、みこころが天で行われるように、地でも行われますように」と祈ることは、これらを信じて祈るということです。神の御国の祝福がこの地の隅々にまで満ちあふれ、主の平和のみこころが実現するようにと祈りたい。私たちの祈りは天と地を結ぶ祈りです。

教会の人数が多かろうが少なかろうが、教会の社会的影響力が大きかろうが小さかろうが、それは本質的な問題ではない。私たちの教会のかしらなる主イエス・キリストは、すべてのものの上に立つかしらでいらっしゃる。その御子イエスをお遣わしになった父なる神は全知全能のお方、天地万物の創造主、そして私たちを愛してやまない神でいらっしゃる。そして聖霊は弱い私たちとともにうめき、私たちを助け、励ましていてくださる。そうであれば「祈ることしかできませんが……」という「しか」の祈りから、「祈ることをこそさせてください」という「こそ」の祈りへと変えられ、祈りの志を高く保ち、祈りの射程を大きく広げて祈る者とされたいと願うのです。

第四部　神との語らいとしての祈り

朝の祈り

天の父なる神さま。
おはようございます。
今日もこうして目覚めることができました。
今日もこうしていのちを与え、
私の人生に新しい一日を加えてくださったことを感謝します。

あなたは今日をよい日として与えてくださいました。
今日はどんな一日になるでしょうか。
今日の予定が順調に進んでほしいと願いますが、
予想外のことが起こっても、
落ち着いて、祈りつつ過ごせるように助けてください。
今日、出会う人々を愛することができますように。

今日、為すわざを誠実に、忠実に、心を込めて果たすことができますように。
今日、口にすることばが、
相手を励まし、生かし、建て上げるものでありますように。

あらゆる災いや悪いことから、私と家族、周囲の人々、
そしてこの世界をお守りください。
今日もあなたの愛と恵みといつくしみを新たに知ることができますように。
今日もイエスさまが、聖霊によって、私とともにいてくださることを感謝します。
今日一日のすべてをあなたにゆだねます。
主イエス・キリストの御名によって。アーメン。

夕べの祈り

主よ。
今日もこうして夕べを迎えることができました。
からだもこころも疲れていますが、
とにかく今日一日、あなたがともにいてくださり、
すべてのことの中に働いてくださったことを感謝します。

今朝、祈ったとおりに進んだこともあれば、思いがけないこともありました。
上手くいったこともありますが、そうでないこともありました。
失敗してしまったこともあり、明日に持ち越すものもあります。

いろいろ考え出すと、気になることばかりですが、
まずは「明日のことは、明日が心配します」とのみことばのとおり、

明日のことは明日にゆだねることができますように。

今日、犯してしまった罪をお赦しください。
もっとやさしいことばで言えなかったか、
あんなにイライラしなくてもよかったのではないか、
もう少し我慢してもよかったのではないか、
いろいろと後悔する思いが浮かんできます。

しかし、あなたの赦しを信じ、聖霊の助けに信頼し、
今日よりも明日、少しでも私の歩みをあなたに近づけてください。
今夜はゆっくりと休めるように、あなたの平安で包んでください。
明日の朝、気持ちよく目覚めることができますように。
あなたが下さる新しい一日を楽しみに、これから眠りにつきます。
おやすみなさい。
イエスさまによって。アーメン。

感謝の祈り

父よ。
あなたを、私（たち）も「父よ」とお呼びできることを感謝します。

あなたが、愛するひとり子イエス・キリストを私（たち）のためにお送りくださり、
イエスさまが十字架に死んでくださり、
三日目によみがえってくださったことを感謝します。
また私（たち）のために、助け主の聖霊をお遣わしくださり、
イエスさまを私の救い主と信じる信仰を与えてくださったことを感謝します。

いま、こうして、「父よ」と祈ることができるのは、
御子イエスさまの贖いのゆえに、私の罪が赦され、義とされ、聖とされ、
聖霊によって神の子どもとされているからです。

この驚くばかりの愛、驚くばかりの恵みを感謝します。
私（たち）を愛してくださる神さまが、ともにいてくださることを感謝します。
その愛のゆえに、
すべてのよきものを豊かに与えて、楽しませてくださることを感謝します。
時にはつらいこと、苦しいこと、悲しいこともありますが、
それらもあなたの愛の御手から来るものですから、感謝します。

ことばに言い尽くせない感謝を、
心から、精いっぱい、あなたにおささげします。
主の御名によって。アーメン。

願いの祈り

神さま。
いま、私の中には一つの願いがあります。
とても大切な願いです。とても切実な願いです。

どうか、私の願いを聴いてください。
どうしてもあなたに聴いていただきたいのです。
どうしてもあなたに聴き届けていただきたいのです。
そして、どうしてもあなたに答えていただきたいのです。

あなたが私の祈りを聴き、答えてくださる真実なお方であると信じています。
もし私の願いがふさわしくないものなら、それに気づかせてください。
そしてふさわしい願いへと整えてください。

あなたを信じる信仰を、あなたを待つ忍耐を、あなたに望みを置く希望を、
そして神の子どもとして祈る祈りを、父なるお方として聴いてくださる愛を、
ますます信じ、期待し、待ち望むことができますように。

そしてあなたが下さる答えを、しっかりと受け取ることができますように。
それが願ったとおりのものであったとしても、そうでなかったとしても、
あなたが下さるものは、いつも最善であることを信じます。

あなたのみこころを悟り、あなたのみこころに従い、
あなたのみこころと一つになることができますように。
弱い信仰の私を、あなたに近づけてください。
御名によって祈ります。アーメン。

嘆きの祈り

イエスさま。
とてもつらくて、苦しくて、悲しくて、どうすればよいかわかりません。
どうしてこんなことが起こったのか。
どうしてこんな目に遭《あ》うことになったのか。
どうしてこんなつらく、苦しく、悲しい思いをしなければならないのか。

こうして祈っている今も、
目から涙が溢れ、心は苦しく、口からはうめきと溜め息ばかりが出てきます。
考えても答えがでないとわかっていても、ついつい考えてしまいます。
いったいどうすればよいのでしょうか？

あなたに嘆くことしかできません。

あなたに訴えることしかできません。
あなたに祈ることしかできません。

父なる神さま、私の嘆きを聴いてくださるあなたを仰がせてください。
子なるイエスさま、私のためにどうか御父にとりなしてください。
聖霊の神さま、ことばにならないうめきをともにしてください。

主よ、
私をあわれんでください。
あなたによりたのみます。
主の御名によって。アーメン。

悔い改めの祈り

父なる神さま
どこからどう祈ったらよいかわからず、
あなたにこうして祈ることにも恐れをおぼえ、
それでも、どうしても打ち明けなければならないと決心して、
いま、あなたの前に出ています。

私は大きな罪を犯してしまいました。
取り返しのつかないような過ちを犯してしまいました。
信頼する人々を傷つけ、裏切り、悲しませるようなことをしてしまいました。

何の言い訳もできません。
本当に自分の愚かさ、弱さ、罪深さを思うと、情けなくなります。

もう消えてしまいたいほどです。

イエスさまの十字架の赦しを知っていながら、
恩を仇で返すようなことをしてしまいました。
もうあなたの子と呼ばれる資格はありません。
救いの恵みを取り上げられても仕方ありません。
赦してくださいなどと、とても言える者ではありません。

本当に私は愚かでした。傲慢でした。恵みを蔑《ないがし》ろにしました。
自分の罪深さを思うと、こうして祈ることすらふさわしくないと思えてきます。

しかし主よ。
今、あなたにすがります。どうぞお赦しください。
今、あなたに求めます。どうか罪人の私をあわれんでください。
そして今、あなたの赦しを信じます。

十字架の血潮によって洗いきよめてください。
傷つけてしまった相手に、どう償《つぐな》ったらよいかわかりません。
裏切ってしまった相手に、どうお詫《わ》びしたらよいかわかりません。
そしてそんな自分を赦してもらえるのか、まったく自信がありません。

けれども、どうか精いっぱいの誠実を尽くせるようにしてください。
心からのお詫びをし続けることができるようにしてください。
そしてもし赦されるなら、
いつの日かそのような時を与えてください。

主よ。罪人の私をあわれんでください。
十字架の主イエスの御名によって祈ります。アーメン。

試練の中の祈り

イエスさま。
いま、私は大きな試練の中を通されています。
足下も見えず、一歩先にも光を見出せず、
どこまでこの試練が続くのか、
今はまったく出口も見えません。

イエスさま。
「試みにあわせないで、悪からお救いください」と、何度も祈りました。
しかし、今も試みの只中《ただなか》にいます。

イエスさま。
荒野で悪魔の誘惑をお受けになったあなたは、

この苦しみをご存じの方です。
十字架の苦しみを知るあなたは、
この苦しみを担ってくださった方です。

私も今、自分の身に起こっていることを、
神さまからの試練だと受けとめています。
そうでなければ到底耐えられないものです。

しかし、これが神さまからの試練であれば、
そこに必ず意味があると信じます。
神さまがいたずらに私を苦しめるはずがありません。
神さまはこの経験を通して、何かを与えようとしておられるはずです。
そして試練とともに脱出の道も備えてくださると信じます。

イエスさま。

それでも、この試練はつらいものです。
ついついあなたへの不平不満が口をついて出てしまいそうです。
だれかを憎んだり、恨んだりしてしまいそうです。
どうかこの試練から助け出してください。
そしてできるなら、
どうかこの試練を通して、あなたのみこころを教えてください。
そして、これ以上の耐えられない試練に遭わせないでください。

この試練を通して、あなたへの信頼が揺らぐことがないように、
むしろこの試練を通して、あなたに近づく機会としてください。
聖霊によって助け、支え、慰めてください。
主の御名により。アーメン。

喜びの祈り

聖霊の神さま。
あなたが私のうちに、私とともにいてくださる、
御父と御子からの霊であることを感謝します。

今、私には大きな喜びがあります。
本当にうれしいです。感謝します。ありがとうございます。
あなたにあって、こうして喜びに満たされることのすばらしさを覚えています。
この喜びは、他の何ものによっても代えることのできないものです。
これまでも、そう信じてきましたが、
いま、それが本当だと、はっきりわかります。

父なる神が天から、御子イエスに向かって、

「あなたはわたしの愛する子　わたしはあなたを喜ぶ」と言われた時の、
御子を喜んでおられる御父の喜びを思います。
またそう語られた御子の喜びがどれほどのものだったかを思います。

そして今、父なる神さまが、御子イエス・キリストの贖いのゆえに、
聖霊によって「アバ、父よ」と呼ぶことを許された私に向けても、
「あなたはわたしの愛する子　わたしはあなたを喜ぶ」と言ってくださる。
その喜びの大きさを思うと、
ことばに言い尽くせぬほどの喜びが溢れてきます。

私のようなものを「愛する子」としてくださった恵みに、
ただただ感謝するばかりです。
その感謝を、この人生をとおして表すことができますように。
イエスさまの御名によって祈ります。アーメン。

頌栄の祈り

父、子、聖霊の三位一体の神さま。
あなたの尊い御名を、心から賛美します。
あなただけが賛美を受けるにふさわしいお方です。

父なる神さま。
あなたは全知全能の神、聖なる、義なる、そして愛に満ちたお方です。
すべてのものを創造し、それを今も統べ治めてくださっているお方です。
すべてはあなたの御手のもとにあり、あなたの栄光のためにあります。
そのあなたに背を向けて、罪に堕落した私たちを、それにもかかわらずに愛し、
救いのみこころを立て、それを完成まで導いてくださるすべてのものの主です。
あなたの御名が、天と地であがめられますように。

御子イエスさま。
あなたは私たちのために、天の御座から、
この地の最も低いところに来てくださいました。
私たちと同じ姿をとり、
私たちの人生の辛苦を味わい、
私たちの罪を背負い、
私たちのために十字架の贖いを成し遂げ、
私たちの初穂として三日目によみがえってくださいました。
今も天の御父の傍らで私たちのためにとりなし、
やがて再び来てくださり、
御国を完成してくださることを信じ、待ち望みます。

聖霊の神さま。
あなたは御父と御子から遣わされた助け主、慰め主として、
今も私たちのうちに、私たちとともにいてくださり、

御子を証しし、信仰を与え、神の子とし、御子に結び合わせ、
私たちを罪からきよめ、御子の似姿へと造り変え続けてくださっています。
また、信じる者たちを集め、賜物を分け与え、
キリストのからだなる教会を建て、
教会を育み、福音を宣べ伝える力を与えてくださっていることを感謝します。

三位一体の神さま。
あなたに心からの賛美と栄光をおささげします。
天地万物、すべてのものが膝をかがめ、あなたを心からほめたたえさせてください。
この汚れた者の唇をきよめ、あなたを心からほめたたえさせてください。
「偉大なあなたの御名が天でも地でもあがめられ、
主の栄光だけが光り輝くように」と、
あなたを賛美するものとさせてください。
すべての賛美と栄誉と力と富と知識が、
ただあなたにのみ帰せられますように。

あなたの栄光を仰ぎ、ほめたたえ、あなたを心から礼拝します。
ハレルヤ。
アーメン。

おわりに

「私たちは、なぜ祈るのでしょうか。」本書の冒頭の問いを、終わりにもう一度繰り返しておきます。それは「素朴な問い」であるとともに「本質的な問い」だとも申し上げました。ですから答えを急がずに、何度も信仰の旅路の途上で立ち止まって考えたいと思います。そうするに値する問いだと思います。

ここでは本書の終わりに暫定的な「答え」を記しておきたいと思います。これはすべて本書の中で学んできたことのまとめをも意味しています。

私たちは、なぜ祈るのでしょうか。

それは、父・子・聖霊の三位一体なる神が、

私たちを御子の贖いによって神の子としてくださり、
私たちの祈りを聴いてくださるお方、聴き届けてくださるお方、
とりなしてくださるお方、ともにうめいてくださるお方、
そして、祈りに答えてくださるお方となってくださったからにほかなりません。

父・子・聖霊の三位一体の神なる神は、今日も生きておられ、
私たち一人ひとりの存在を愛し、いつくしみ、喜び、尊んで、
私たちの日常の隅々にまで目を行き届かせ、心を配ってくださり
私たちとの交わりを望み、拙いことばで祈ることを待っておられ、
私たちと語り合うことを喜び、楽しみとし、最善のものを与えてくださいます。

また私たちが二人、三人と心合わせて祈る交わりに加わってくださり、
私たちが志を高く持ち、祈りの射程を広げ、自分を超え出てささげる祈りを、
隣人のための祈りを、この町のための祈りを、この社会のための祈りを、
この世界のための祈りを、正義と公正がなされ、平和が実現するための祈りを、

信じて祈り続けることを励まし、促し、
ご自身のよきみこころを実現してくださると、
私たちに約束していてくださる、真実なお方であると信じているからです。

祈りは神が私たちに与えてくださった特権です。また祈りは恵みの手段であり、神との交わりの通路です。これを用いないのは実にもったいないことです。自分は祈りが苦手だから、もう少し上手に祈れるようになるまで祈ることは控えよう、などと考えることはありません。祈りに得意も苦手も、上手も下手もありません。ただまっすぐに、自分の心を開け放ち、隣人と心を合わせ、幼子のようになって祈る祈りを、神は喜んで受け取ってくださいます。

本書を通して、皆さんが「自由に祈り心の翼をのべて」(『きょうの祈り』四頁)、祈る幸いを知り、皆さんの三位一体の神との語らいがいよいよ豊かに、楽しく、喜びの時となっていくことを心から願っています。

私もそのように祈る者のひとりでありたいと願い、そのような祈りの人にしてくださいと、主に祈り続けていきます。

感謝のことば

本書の原型となったのは、前任の東京基督教大学で開講されている信徒や牧師の方々向けのオンライン講座『どこでもTCUエクステンション』で、二〇二三年春学期に行った「祈りの作法　実践的祈禱論」（全八回）の講義ノートです。「実践的」とタイトルをつけたものの、実際には祈りについて聖書に基づき、教理的に整理することが大半で、肝心の「祈りの作法」に至っては、最後の一回で駆け込みで話し終えるという、自分としてはずいぶんと課題の残ったクラスでした。

その一方で、受講者は六十名近く、毎週金曜日の夜七時から八時の一時間、集中した学びの時となりました。毎回、参加者の方々に感想のメールを送っていただいたのですが、テーマが「祈り」ということもあってか、毎回数多くの、そして非常に印象深い感想や体験談を記してくださいました。中には皆さんには非公開で私だけにと送ってくださった、ご自身の祈りを巡る深い経験を分かち合ってくださったものもあり、信仰の歩みにおいて「祈り」というものが占めるボリュームの大きさや、意味の重さをあらためて確認し、実感させられた次第です。

講座を終えてみて、本来ならもっと扱いたかった課題や、論じきれなかった内容があること、肝心の「実践的」な面や「祈りの作法」と呼ぶに相当する部分が足らないことを思い、いつか機会があれば、もう少し煮詰めてかたちにしたいという願いを持ちました。また「祈り」についての書物はすでに優れたものが数多くあり、毎年のように新刊書も出ていますが、それだけ「祈り」についてもっと考えたい、もっと知りたいというニーズがあるのであれば、この拙い書物も、何かしらの意味を持つかもしれないと思うに至りました。

執筆に際しては、講義ノートを元にしつつも、全体の構成を変更し、各章にもかなりの加筆修正をし、「祈りの作法」も数を増やし、そして終わりに、いくつかの祈りのことばを記すことにしました。多くの祈りの書物を参考にさせていただきました。すでに知られている古典的な書物からも、比較的新しい書物からも、多くを教えられたことを感謝しています。拙著からの引用もありますが、自分の中でも「祈り」が一つのテーマであり続けたことに気づかされたのも感謝な経験でした。そして何よりも、本書が生まれるきっかけとなった「祈りの作法」の講座参加者の皆さんに心から感謝を申し上げます。

今回も、表紙の絵と装丁を盟友ホンダマモル氏が描いてくださいました。私が絵の解説をするなど野暮の極みですが、一言だけ記させてください。表紙のラフ案を見て思わず息を呑みました。うずくまり手を組んで祈る人の姿に、そして「原画の彼の目に、本当に小さいですが白い点を描いて涙を加えました」とのマモルさんの言葉に、この人と自分の姿が重なって見えました。

そして何より私の目に留まったのは、祈る人の「足の指先」でした。彼はくずおれ、うずくまり、涙して祈り、その涙も涸れようかというほどの祈りの格闘の末に、踵《かかと》を上げ、指先に力を込めて「立ち上がろうとしている」と見えたのです。祈りの本を書きながら、自分自身がそのような祈りの格闘の中にあった日々を思い、大きな励ましを与えられたのでした。特に記して感謝を表します。

出版に際しては、今回もいのちのことば社編集部の米本円香さんが丁寧に仕事を進めてくださいました。ありがとうございます。

私どもが仕える日本同盟基督教団市原平安教会は小さな群れですが、よく祈る教会です。毎主日の礼拝後に二、三人ごと小さな輪を作って祈る時を持っています。この祈りの輪に加わる度に、ここに主イエスがともにおられることを経験しています。そのような幸いな交わりに時に加えられている喜びを覚えつつ、本書は市原平安教会の愛する兄弟姉妹におささげします。

二〇二四年八月　平和を覚える夏の日に

朝岡　勝

著者

朝岡　勝（あさおか・まさる）

1968年、茨城県出身。

東京基督教短期大学、神戸改革派神学校卒。

日本同盟基督教団市原平安教会牧師。

著書に、『ニカイア信条を読む』『ハイデルベルク信仰問答を読む』『増補改訂　「バルメン宣言」を読む』『喜びの知らせ』『光を仰いで』『信じること、生きること』ほか（以上、いのちのことば社）、『教会に生きる喜び　牧師と信徒のための教会論入門』『大いに喜んで』（以上、教文館）ほか。

三位一体の神と語らう
祈りの作法

2024年10月15日　発行

著　者　朝岡　勝
印刷製本　モリモト印刷株式会社
発　行　いのちのことば社
〒164-0001 東京都中野区中野2-1-5
電話 03-5341-6924（編集）
03-5341-6920（営業）
FAX03-5341-6921
e-mail:support@wlpm.or.jp
http://www.wlpm.or.jp/

ISBN 978-4-264-04581-2

◇◇◇◇◇◇◇◇◇◇◇◇◇◇◇◇◇◇◇◇◇ 朝岡勝・好評既刊 ◇◇◇◇◇◇◇◇◇◇◇◇◇◇◇◇◇◇◇◇◇

3・11ブックレット

〈あの日〉以後を生きる　走りつつ、悩みつつ、祈りつつ

押し寄せてくる新しい出来事によって、過去へと追いやられていく三月十一日。「あの日」起こった出来事をひとつひとつ拾い上げ、いまなお継続している出来事として、三・一一後を生きる私たちに問われていることを考える。

九九〇円

ニカイア信条を読む　信じ、告白し、待ち望む

ローマ帝国からの迫害の傷がまだ生々しく残る三八一年に生まれた「ニカイア・コンスタンティノポリス信条」。教会が命賭けで守ってきた「イエスは主である」との信仰告白から、かつての教会が信じ、告白してきた信仰の言葉をあらためて考える。

一九八〇円

ハイデルベルク信仰問答を読む　キリストのものとされて生きる

もっとも美しくキリスト教信仰を書き表した書物の一つと言われ、時代を超えて今なお親しまれている「ハイデルベルク信仰問答」。人間の悲惨さ・救い、そして、私たちの「ただひとつの慰め」と何かを、この信仰問答から見つめる。

二〇九〇円

喜びの知らせ　説教による教理入門

私たちは、もたらされた「喜び」に生きているだろうか。聖書とは、福音とは、救いとは何か。キリスト教信仰を自分自身の生き方にするために必要な「教理」について、教会で語られた十五本の説教から学ぶ新しいキリスト教入門。

一八七〇円

信じること、生きること　大人になった「僕」が、10代の「僕」に伝えたいこと

多感な時期の「自分」に、今ならどんな言葉をかけるだろうか。自身の幼少期、十代を振り返り、出会った人・言葉をつづった牧師のエッセイ集。十代を懸命に生きる「あなた」に、そして十代を生き抜いた「あなた」に、今伝えたい言葉たち。

一四三〇円

※価格はすべて二〇二四年九月現在の税込定価です